高等职业教育培训理论与模式探究

曹艺婷　袁　鑫　邱军海　著

中国商业出版社

图书在版编目（CIP）数据

高等职业教育培训理论与模式探究 / 曹艺婷，袁鑫，邱军海著. -- 北京 : 中国商业出版社，2024. 12.
ISBN 978-7-5208-3283-0

Ⅰ. G719.2

中国国家版本馆CIP数据核字第202442YG65号

责任编辑：黄世嘉

中国商业出版社出版发行
（www.zgsycb.com　100053　北京广安门内报国寺 1 号）
总编室：010-63180647　编辑室：010-63033100
发行部：010-83120835/8286
新华书店经销
北京虎彩文化传播有限公司印刷
*
710 毫米×1000 毫米　16 开　12.75 印张　154 千字
2024 年 12 月第 1 版　2024 年 12 月第 1 次印刷
定价：50.00 元
*　*　*　*

前言

《现代职业教育体系建设规划（2014—2020年）》明确提出，要大力发展职业教育，需要吸纳政府以外的其他利益主体参与职业教育的管理。国务院《国家职业教育改革实施方案》（国发〔2019〕4号）指出，职业教育与普通教育是两种不同的教育类型，具有同等重要地位。改革开放以来，职业教育为我国国民经济社会发展提供了有力的人才和智力支撑，现代职业教育体系框架全面建成，服务经济社会发展能力和社会吸引力不断增强，具备了基本实现现代化的诸多有利条件和良好工作基础。随着我国进入新的发展阶段，产业升级和经济结构调整不断加快，各行各业对技术技能人才的需求越来越紧迫，职业教育的重要地位和作用越来越凸显。但是，与发达国家相比，与建设现代化经济体系、建设教育强国的要求相比，我国职业教育还存在着体系建设不够完善、职业技能实训基地建设有待加强、制度标准不够健全、企业参与办学的动力不足、有利于技术技能人才成长的配套政策尚待完善、办学和人才培养质量水平参差不齐等问题，到了必须下大力气抓好的时候。没有职业教育现代化就没有教育现代化。在推动职业教育事业发展方面，虽然政府是主体，但是政府不是万能的。因此，在制定相关政策时，要调动地方性企业、其他非政府组织以及相关专家的积极性，参与职业教育的管理工作。习近平总书记指出，区域之间发展条件有差异，但在机会公平上不能有差别。要解决这个问题，关键是要发展教育，特别是职业教育。在2014年召开的全国职业教育工作会议上，习近平总书记就作出重要指示，把加快发展现代职业教育摆在更加突出的位置，更好地支持和帮助职业教育发展，为实现“两个一百年”奋斗目标和中华民族伟大复兴的中国梦提供坚实人才保障。我国高等职业教育在实际发展中，其核心是以专业知识、技能等为中心，要在职业发展规划的基础上，通过高等职业教育资源整合，实现高等职业教育的综合发展水平的提高。因此，要结合高等职业教育的实际发展，分析其本质，应考虑高等职业教育的实际发展过程，从历史变迁以及实际发展的角度，对高等职业教育的社会化、综合化发展模式进行拓展，从而实现高等职业教育的综合发展水平的提高。

本书由烟台工程职业技术学院曹艺婷、袁鑫、邱军海共同编写，主要研究了高等职业教育培训的理论和模式，在内容上从高等职业教育的本质和功能着手，对职业教育与职业培训理论进行了分析，探究职业教育培训模式和实践策略，并对现代职业教育中工匠精神的培育实践做了探索，为从事职业教育培训或职业教育院校管理的相关人员提供一些有价值的参考依据。

作　者

2024 年 7 月

目录

CONTENTS

第一章

高等职业教育概述

第一节　高等职业教育的本质

高等职业教育是我国高等教育的重要组成部分，包括高等职业专科教育、高等职业本科教育、研究生层次职业教育，是高等教育发展中的一个类型，肩负着为经济社会建设与发展培养人才的使命；同时，高等职业教育也是我国职业教育体系中的高层次教育。高等职业教育发展为专科层次职业教育、本科层次职业教育和研究生层次职业教育（专业学位研究生教育）等三个层次的现代职业教育。我国高等职业教育已经形成了涵盖专科、本科、硕士、博士四个层次的相对完整的体系。

一、高等职业教育的一般教育属性

高等职业教育是一种针对职业技能培养的高等教育形式，旨在培养适应社会经济发展需求的高素质职业人才。它具有高等教育的一般教育属性。

因此，从本质来说，职业教育具有社会性，要站在社会化发展的立场上，确定职业教育的发展方向，遵循社会的客观发展规律，坚持唯物辩证法和职业社会化发展的指导思想，以适应个人的职业发展规划、社会经济建设和创新发展的需求。我国教育家黄炎培对职业教育的认识，是基于“社会化”发展理念，从社会服务和个体服务等方面，着眼于个体的生涯发展，从而全面提升职业发展的整体层次。同时，要提高职业教育的整体发展水平，必须从职业发展和个人发展的角度出发进行职业教育。

关于高等职业教育的一般教育属性，有三种观点具有代表性。第一种观点认为，要将专业培训作为重心，并将其由学术研究转向专业教学。第二种观点认为，高等职业院校应从文化传承和职业选择来考虑。第三种观点认为，高等职业教育的实质是以知识和技能为导向的职业教育，以职业化社会服务、职业管理以及职业教学为导向。这三种观点都主张要立足于高等职业教育的现实发展，从教育资源的整合和教育的发展来提高高等职业教育的整体发展水平。从高等职业教育一体化发展的角度来看，高等职业教育内部和外部的矛盾是由高等职业教育的专业化发展和社会发展的需求所引起的。《国家中长期教育改革和发展规划纲要（2010—2020年）》明确指出，高等职业教育要立足于职业人才的培养，立足于社会对各类人才的实际需要，以高职教学工作的创新来提高高等职业教育的整体发展水平。

二、高等职业教育的本质属性

高等职业教育的本质在于明确的教育目标。与普通高等教育注重综合素质培养不同，高等职业教育将职业技能培养作为核心目标。其教育目标主要包括：提高学生的职业技能水平，使其能够胜任特定职岗位；培养学生的创新能力和实践能力，使其能够适应职业发展的需求；提升学生的职业道德和职业素养，使其成为社会主义建设者和接班人。这些明确的教育目标使高等职业教育在职业技能培养上具有特殊的优势和特色。

高等职业教育的本质属性，要求从现实发展出发，来审视高等职业教育的整体发展进程。在分析高等职业教育的本质属性时，必须对高等职业教育的理论和实践进行全面的思考和分析，这将直接关系到高等职业教育的平稳发展和创新发展水平的提高。第一，高等职业教育的本质是由各专业之间的内部关系所构成的。第二，职业教育的本质与职业教育的差异性发展密切相关。第三，转变本质，才能使高等职业教育创新。因此，在高等职业教育模式的理论研究上，可以把“理论和实践”这一矛盾作为突破口，根据现实发展需要，优化高等职业教育的发展模式，提高高等职业教育整体发展水平。

从高等职业教育发展的各个阶段来看，可以从高等职业教育的社会、现实发展等方面来分析高等职业教育的社会生产性和职业能力提高性。从职业生产和社会价值的视角来看，社会生产性是指从职业的社会价值角度，在社会活动、社会服务以及社会生产等方面提供人才支撑。在高等职业教育方面，通过对就业活动设计、职业技能培训的标准化与规范化，从社会生产培训和提高技术能力的观点出发，为社会和经济的发展服务，以此来推动社会的健康发展。在整合职业教育资源和创新发展的进程中，可以站在个体发展的视角来定量地衡量高等职业院校的社会生产性。同时，要将社会发展的需要和个体发展的需要相结合。

基于以上分析，高等职业教育具有以下本质特点。

1. 职业能力提高

职业能力提高是指结合职业发展需要，利用现代教育制度，对高等职业教育的综合发展需求进行分析，根据个人实际发展情况，对教学资源进行整合，从而满足个人职业能力提升的综合发展需求。

2. 多层次教育体系

多层次教育体系是指将职业发展的需求与现代化的教育体系相结合，分析高等职业院校的全面发展需要，并针对学生的实际发展状况来整合教学资源，以适应个体的职业能力提高的全面发展需要。

高等职业教育的课程设置紧密结合实际。与普通高等教育注重学科知识传授不同，高等职业教育强调将理论知识与实践技能相结合。在课程设置上，高等职业教育注重培养学生具备职业所需的知识和技能。课程内容以解决实际问题和应用技能为导向，包括基础知识、专业知识和实践技能的培养。同时，高等职业教育也注重学生的职业素质培养，如职业道德、沟通能力、团队协作能力等。这种紧密结合实际的课程设置能够更好地满足社会对于职业人才的需求。

3. 应用型人才培养

应用型人才培养是指高等职业教育是为了适应社会、经济发展需要而培养出具有实践能力专门人才的教育，其通过开设专业课程与实习教学课程，为学生提供所需的职业技能与知识。

高等职业教育的培养模式灵活多样。这种教育模式主要包括校内培养、校企合作和学徒制培养。其中，校内培养是传统的高等职业教育方式，学生在学校接受理论知识和实践技能的培养；校企合作是高等职业教育改革的重要举措，通过与企业合作，学生在实践中学习并获得职业经验；学徒制培养是一种注重实践、工作场景化培养的模式，学生在企业中进行学习，并由企业导师指导。这些灵活多样的培养模式使学生能够更好地将所学知识和技能与实际工作相结合，提高就业竞争力和适应能力。

4. 职业导向

职业导向是指高等职业教育在坚持高等职业教育定位的同时，突出了高等职业教育与劳动力市场的密切关系。

与普通高等教育注重学术研究和学科发展不同，高等职业教育更加注重培养学生的职业能力和就业竞争力。整个教育过程以就业为导向，学校与企业密切合作，根据社会对人才的需求来调整专业设置，提供与市场需求相匹配的专业课程。同时，高等职业教育也注重学生职业规划和职业指导，为学生提供就业指导和职业发展的支持。这种明确的就业导向使高等职业教育在就业率和就业质量上具有明显优势。

5. 特色发展

特色发展是指为满足各行业对高技术人才的需要，高等职业院校应大力发展特色专业，实行长学制教育。

6. 教育融通

教育融通是指强化职业教育与普通教育的融合与交互。例如，在中小学义务教育阶段开展职业启蒙教育，并积极开发培养特殊技能的综合性高中课程。

7. 社会服务功能

社会服务功能是指高等职业教育既是通过培育劳动者来推动经济发展，又是通过继续教育、职业培训等方式，进一步实现劳动力再生产，强化科技创新，并将科技成果转化为具体的生产力，从而带动全社会的革新发展。

8. 国家发展战略

国家发展战略是指高等职业教育作为我国发展战略中的一项重要内容，在实施“双高计划”的过程中，办学水平不断提高，为我国的现代化建设作出了巨大的贡献。

9. 终身学习

终身学习是指高等职业教育倡导“终身学习”的思想，为个体的不断成长提供一个学习与提高的平台。

10. 创新与创业教育

创新与创业教育是指鼓励高等职业教育机构开展创新与创业教育，培养学生的创新意识和创业能力，以适应经济社会发展的新要求。

综上所述，高等职业教育的本质属性包括职业能力提高、多层次教育体系、应用型人才培养、职业导向、特色发展、教育融通、社会服务功能、国家发展战略、终身学习以及创新与创业教育等方面。以上方面的属性，共同成为高等职业教育的基本构架与发展取向，彰显了高等职业教育的重要意义与价值。

经过科学的职业教育，学生可以通过企业实践与职业学校学习提升自身的职业素质。因此，与高等职业教育及普通教育相比，职业教育的最大特征便在于职业能力的提高性。

第二节　高等职业教育的功能

一、高等职业教育的特色化发展

1. 高等职业教育鲜明的中国特色

高等职业教育是在中国特色社会主义体制下产生的，是为我国经济和社会发展的战略目标而服务的。高等职业院校在坚持党的领导下，始终把提高高等职业教育的办学水平和办学效益作为中心，使高等职业教育始终与国家发展战略紧密结合。高等职业教育作为我国经济社会发展的先行者，进行了大胆的改革和创新。高等职业院校在专业建设、人才培养、产学合作等方面，都在积极探索符合我国实际的办学方式，逐步形成了一批有国际影响力的办学品牌。我国特色职业教育要立足于经济社会的发展，要通过高层次的高等职业院校及专业的建设，为我国的发展提供更多优质的技能人才。《国家职业教育改革实施方案》等一系列的改革举措，为高等职业教育的发展提供了明确的指引。

2. 高等职业教育鲜明的职业特色

高等职业教育是培养高素质、高技能人才的重要途径，该教学模式注重培养学生动手实践、解决实际问题的能力，适应现代社会对高技术人才的需要。高等职业技术学院的专业设置，既要适应市场需要，又要适应行业发展的需要，突出实践性、社会性。教学内容包括本专业的理论知识与技能，让学生能熟练地掌握本专业所需的主要知识和技能。高等职业院校以实践为重点，采取“工学”相结合的教学方式，以实训、实验及实习三个环节，使学生在实践过程中学会并掌握专业技术。高等职业教育与企业密切合作，为企业提供高素质的应用型人才。高等职业院校通过与企业的合作，使学生能够在企业的真实环境中进行实践训练，从而增强他们的专业技能和社会适应性。高等职业教育的职业性特征表现在校企合作、教学方法、课程设置以及培养目标等方面。鲜明的特点，使高等职业教育能够更好地适应社会对高技能人才的需要，在促进我国的经济和社会发展方面起到积极的作用。

3. 高等职业教育鲜明的原创特色

高等职业教育强调“以人为本，全面发展”的教育理念，注重培养学生的综合素质和创新能力。这一理念体现了高等职业教育对学生个性化发展的重视，以及对学生全面素质提升的关注。高等职业教育创立了“校企合作、工学结合”的新型培养模式，这一模式强调了企业参与人才培养的过程，通过实践教学让学生掌握实践技能。这种模式的创立不仅为学生提供了更多的实践机会，还促进了教育与产业的对接，提高了教育的针对性和实效性。高等职业教育注重实践教学，通过实验、实训、实习等环节，让学生在实践中学习和掌握专业技能。与此同时，在高等职业教育中，也可以运用案例教学法、项目教学法等方式，进一步提高学生解决问题的能力，并培养学生的创造性思维。

二、高等职业教育的特色化功能

1. 经济功能

我国高等职业教育最早发展于20世纪90年代初，主要以服务社会发展、地方经济为己任，培养社会主义经济建设所需的高素质人才。可以说，高等职业教育契合于区域发展的时代潮流，是我国经济与社会发展到一定阶段的必然结果。

1999年，教育部颁布《面向21世纪教育振兴行动计划》，明确指出：“高等职业教育必须面向地区经济建设和社会发展，适应就业市场的实际需要，培养生产、服务、管理第一线需要的实用人才，真正办出特色。”同年，《中共中央　国务院关于深化教育改革全面推进素质教育的决定》对高等职业教育提出了新的要求：“高等职业教育是高等教育的主体，要加强高等职业教育的发展。”

2002年，针对“十一五”时期我国高等职业教育的改革和发展面临着严峻的挑战，教育部提出了具体的职业教育改革目标任务，并在此基础上，提出了以人为本、科教兴国的高等职业教育战略。

2005年，全国职业教育工作会议明确提出，要把职业教育放在社会发展、国民经济发展的首位，其是教育工作的重中之重，从而进一步明确了“十一五”时期重大教育任务。并且可以更加清晰地认识到，在我国特色的高等职业教育发展道路上，我们将会面临一个具有战略意义的全新发展阶段。

2006年，《教育部关于全面提高高等职业教育教学质量的若干意见》明确指出，“高等职业教育是一种新型的高等教育”，标志着高等职业教育在高等教育中具有举足轻重的作用。从经济社会发展的观点来看，发展高等职业教育，不仅有利于在宏观角度改变经济增长方式、推动产业结构调整，还有利于在微观角度推动再就业、培养高素质人才以及促进教育改革。

21世纪以来，我国经济社会发展迎来全面的高速发展阶段，对职业教育的质量要求越来越高，各种扶持政策不断落实，高等职业院校的办学规模也在不断扩大。近十年，随着国家颁布有关政策法规等，高等职业教育获得长足发展，具体特点如下。

（1）培养技术技能人才。高职技术人才是为了适应社会建设、生产以及服务第一线的需要而培养出的一批兼具理论与实践能力的复合型人才。这些复合型人才进入社会后，可以有效地提高劳动生产率，推动我国经济的可持续发展。

（2）促进技术创新与转化。高等职业教育既要重视技能的传授，又要重视新技术的研究开发与应用。高等职业院校通过与企业的合作，能够把前沿科研成果运用到企业的生产实践中，促进科技创新与转化，为国民经济的高质量发展提供技术支撑与帮助。

（3）推动区域经济发展。高等职业院校应结合地区产业需求与特征，开设与之相适应的多种专业，为地区经济发展提供高技能人才。这对于促进地区经济整体发展、提升地区工业竞争力以及优化地区人才结构等，具有重要意义。

（4）服务产业结构调整。社会经济的健康发展，离不开高技能人才的积极奉献。而在当前经济全球化背景下，人才需求也在不断变化。高等职业教育可以对专业设置与培养目标进行适当调整，满足新兴工业与现代服务业的需要，支持工业结构的升级与转型。

（5）提升就业率与就业质量。高等职业院校通过实习、产学结合的方式，增强毕业生的就业与适应性。这既有利于提高大学生的就业率，又有利于提高就业质量和促进优质就业。

（6）促进社会公平与社会稳定。高等职业教育为社会提供了更多的教育机会，特别是对于农村地区和一些困难家庭的学生而言，其受教育机会明显增加。通过接受高等职业教育，学生可以获得更好的就业机会和社会地位，从而缩小社会差距，促进社会公平与社会稳定。

（7）终身学习与职业发展。高等职业教育不仅关注学生的初次就业，还关注其终身学习和职业发展。通过建立终身教育体系和职业技能培训体系，高等职业教育为在职人员提供了继续教育和技能提升的机会，支持其职业发展和职业转型。

2. 教育服务功能

高等职业教育本身具有教育服务功能，它是以个性培养为中心，以培养人的个性发展为目的的个性教育。这种个性教育不仅重视发展学生的职业能力和专业知识，还重视了解和挖掘不同学生的发展潜力和性格特征，引导他们不断地了解自己的特长、优势、兴趣和发展，帮助他们建立起积极的自我认同和自我理念，对自己的价值有一个明确的认知，并且能够正确地感受和接纳自己与他人的关系，进而养成积极的生活态度。个性教育，可以使学生建立起一种对技术要求、行业规范和职业道德等方面的认同，从而使他们对自己的职业特点有一个正确的认知，了解自己与其他行业的联系，正确感受自己所处的社会环境，不断地培育和发展自己的社会责任感。另外，个性教学还能让学生对人生、对社会有一个清晰、现实的认知，包括人生的艰难考验、社会发展的趋势等。当然，个性教育也可以被看作人的个性的充分发展，它包含以下两个层面的含义：一方面，人的全面发展需要身体和心理的充分发展，因为每个人的本性都差不多，在同样的环境下，受到同样的教育，才有成为有用的人的可能性。而要造就一个有才能的人，首先要使他的身心全面发展，而不是单方面的畸形发展。另一方面，个性的充分发展也对人格发展提出了更高的需求，这是因为，在共性之外，每个人都有各自的特点，无论是在才能、爱好和素质等方面，都存在着一定的差异。由此可以看出，以个性教育为核心的教学服务职能，将会使高等职业学校实现高质量发展，从而培养出更多的高技能综合型人才。

高等职业技术院校的主体作用和它的社会经济作用在逻辑上是相互补充和统一的。从社会和经济发展的角度来看，高等职业院校与一般的学校相比，无论是在专业的建设上，还是在学科建设的目的上，都体现了鲜明的产业特点。另外，在学校制度上，也具有较强的产业与产业相结合的特征，承担起为社会培养科技人才的任务。同时，加强与社会经济发展的联系，使高等职业院校充分发挥校企结合的优势，从而推动高等职业教育的发展。

高等职业教育既发挥着一定的经济社会功能，又在人才培养上体现着无可替代的作用，是人才发展与成长的必要途径及重要支持。高等职业教育与人的发展的关系，若不能真正明确，只注重高等职业教育与工业、经济等的关系与作用，则有失高等职业教育自身的价值，不利于促进全社会对高等职业教育的认同与关注。因此，要为高等职业教育的发展提供动员机制与社会基础，营造良好的高等职业教育社会氛围。

当我们深入剖析高等职业教育这一复杂而多维的教育体系时不难发现，其本体功能与经济社会功能之间的张力，不仅是历史遗留的问题，更是当代社会转型与教育改革背景下亟待平衡与融合的关键所在。20 世纪二三十年代，随着工业化进程的加速和社会分工的细化，高等职业教育作为连接教育与就业的重要桥梁，其定位与发展理念引发了广泛讨论。当时，将人格教育与职业教育视为“相对峙”的观点，实际上反映了社会对教育目标多元化的初步探索与困惑。金汉仪先生的深刻见解，为我们理解这一张力提供了新的视角。他强调，职业教育与人格教育并非水火不容，而是相辅相成、相互渗透的关系。这一观点，在当今社会显得尤为重要。高等职业教育，作为培养技术技能型人才的主阵地，其主要目标在于传授专业知识与技能，使学生具备适应市场需求、解决实际问题的能力。然而，这一目标的实现，绝不应以牺牲学生的人格发展为代价。相反，高等职业教育应当成为促进学生全面发展的重要平台，将人格教育融入职业教育的全过程，培养出既有专业技能又具备良好品德、健全人格的高素质人才。

经亨颐先生认为：“如果用草木比喻国家，那么教育就是根，工业就是土；用动物比喻一个民族，那么教育就是骨，工业就是血肉。”没有根基的植物，虽然种在泥土里，也很难生根发芽。动物的血肉和骨骼分开，生命就会停止。经亨颐先生进一步指出：“职业教育与人格教育理念的不同点在于比例，而不是本质。”他从近代职业教育的一些现象出发，提出了“专门职业”的概念，但又不能简单地将其与专业技能培训画等号。在他看来，“培养对社会有用的人，不愁没有工作，也不愁没有人格”，如果把人格教育与职业教育相对立或分离，那么“就会导致社会分化和两极分化”。林砺儒先生对人格教育与职业教育相分离的现象也进行了批评，认为：“最近，社会上似乎有一种倾向，那就是，大多数人只相信他们的技能，而不相信他们的素养，甚至连专家自己，也承认他们只关心自己的技能，而不关心其他。所以大多数人都把‘技能’和‘培养’混为一谈，认为只有在专业领域内的事情才能信任专家，否则，就只能用常识来处理了。”在高等职业教育中，经亨颐先生提出了一种极富启发性的观点，即高等职业教育的主体职能和经济职能、社会职能的关系。他认为，对于高等职业教育，有两种表述，一种是“用专业作名词，用有用作动词”；另一种是“把教育当作名词，把专业当作形容词”。前一种是强调高等职业教育通过其本体职能来实现其经济、社会职能；后一种是以“职业”为定位，以其经济、社会职能来体现其本体职能。总之，这两个方面是相互补充的，是高水平高等职业教育的根本特征。

诚然，高等职业教育在发展过程中遭遇了各种挑战与困境，其原因是相当复杂的，其中就有一些机制的问题。高等职业教育的本体功能并未被很好地解释、论述及宣传，在某种程度上忽略了高等职业教育的人文和社会基础，这属于深层次的文化原因及理论原因。

在传统观念中，社会大众对“知识改变命运”的价值观根深蒂固，并在多年来的巩固与强化中逐渐形成一种基本的社会共识，从而成为全社会关注教育的深层次的文化原因。但是，这并不代表社会大众会认同“技能决定命运”的观点。事实上，一个人的能力在改变一个人的命运时，会有更多的直接与特殊的因素影响，但是，技术技能的这一价值常常得不到应有的发扬及确认。即使是一些人才政策，都没有将其放在应有的位置。因此，我们要大力宣传高等职业教育对社会经济发展的深远影响，要让全社会认识到，高等职业教育不但可以为社会经济发展输送与培养技术技能型的人才，还可以提高人们的整体素质，让人民过上更好的生活，扩大生命的发展空间。事实上，没有某种职业的根基，没有扎实的工作，也难以说是幸福的人生。只有将“技能决定命运”的价值观与认知在人们的思想观念中树立起来，厚植高等职业教育社会文化基础，才能吸引更多的专业人才投入其中，让更多的优秀青年踊跃报名，从而使高等职业教育更好地服务于社会发展建设。技术与技能培养是高等职业院校人才培养不可或缺的一环，是实现全面发展的一项基本要素。在科学发展与时代进步中，部分“卡脖子”的问题不断出现，往往是由于缺乏高层次的专业技术人才而导致的。从这个角度来看，这也是高等职业教育的本体功能的价值及意义所在。

注重高等职业教育的本体功能，加强人格教育与职业教育的契合度，妥善处理高等职业教育与经济、社会关系，是一件很有意义的事情。在高等职业教育教学中，如何使其切实发挥其本体功能，是高等职业教育改革与发展面临的一项重大课题。根据林砺儒所说，这里面存在以下两个问题：第一，利己主义的社会架构。高等职业教育与普通高等教育的分工不但没有让人意识到彼此的依存关系，而是把个人的利益与经验分割开来，让人难以进行专业的锤炼，也难以把工作变成门艺术，进行潜心钻研。第二，学科划分过于死板。以“有闲阶层的学术机构”为研究对象的传统学科和专业系统，已经难以满足当今世界科技发展的需要，导致社会的职业划分标准严重地偏离了现实需求，以及各职业之间的矛盾与隔离，严重限制了高等职业教育的本体功能。这也表明，高等职业院校的改革与发展，已不只是一项单纯的工作，它还涉及整个科学体系与社会结构的持续变革，这也是高等职业教育的科学依据与社会依据。本体功能的实践与研究，对于高等职业教育的实践与理论具有重要的制约、指导作用。为此，高等职业教育要在教学评价、教学方法、课程体系、专业设置以及学科建设等各个环节加以优化，并使人格教育和职业教育能够协调与相互融合。笔者认为，这对于提升高等职业教育的社会地位是有帮助的，可以进一步促进整个社会对高等职业教育的关注及认可，并加强产教融合，为社会主义经济建设提供高素质、高技能的复合型人才。

第三节　高等职业教育的价值

一、高等职业教育体系的建设目标分析

在当前阶段，对高等职业教育体系的建设目标进行研究，既是新时期高等职业教育体系建设改革的需要，也是对高职教育体系进行合理调整的需要，更是实现其规划目标的必要保障。但是，要想正确掌握高等职业教育体系的建设目标，就必须对其所处的时代背景有一个清晰的认识。

1. 研究建设目标，是高职教育改革的需要

在新的时代，对高等职业教育制度予以改革，需要对建设目标进行探讨与思考。改革开放以来，我国职业教育制度为社会经济的各个领域输送

了大批的高素质的技术技能型人才，比如，服务、管理以及生产等一线工作的领域，仅仅从高等职业院校的数量来看，就已经占据了全国的“半壁江山”。在社会经济发展方式转型的背景下，高等职业院校对发展策略进行了持续的调整，特别是在高等职业院校由规模与外延发展时期转向了内涵与品质发展时期之后，高等职业院校的改革重心已不再局限于内部的局部的问题上，改革思想也从分散式、零散式的改革转变为把视角扩展到总体上，并开始重视各方面的相互联系与协调。为此，教育部开始建立现代职业教育体系。然而，由于历史条件与研究视角的限制，我国现代职业教育制度的实践探索与理论研究仍处于摸索中。在理论研究方面，目前对现代职业教育体系的具体含义还没有完全掌握，在实践探索领域也没有能够给现代职业教育体系正确定位。笔者认为，在当前阶段，对高等职业院校建立现代职业教育制度的目标进行研究，既能避免目前的困境，又能确保其取得实效，还能承载时代的需求。

2. 研究建设目标，是高等职业教育体系建设的理性选择

从依靠实践探索自主发展到以科学理论为基础的自主发展，是高等职业教育发展模式创新的总趋势。我国高等职业教育起步较晚，经历了古代、近代和现代三个历史发展时期。新中国成立后，高等职业教育的发展历程又大致经历了三个时期：第一，高等职业教育结构的调整，高等职业教育迎来大发展；第二，在市场经济的驱动下，高等职业教育应运而生，并获得了与中职教育同步的大发展；第三，在高等职业教育发展进程中，要强化中、高等职业教育之间的交流与衔接。目前，我国正处于一个新的历史时期，为适应教育、经济以及社会体制的需要，要进一步建立起现代职业教育体系。纵观高等职业教育的发展历程，可以看出，现代职业教育体系的构建是一个由自由到自觉发展的过程，而自觉发展则是基于对现实

环境、历史情况的深刻判断而做出的一种理性选择。为此，高等职业教育相关工作者要善于运用系统科学、管理科学等有关理论，先行研究并构建出一套可供操作的、精细化的现代职业教育体系建设目标，从而更好地对职业教育建设规划工作起到指导作用。

二、高等职业教育价值评价指标体系构建

对高等职业教育进行价值评价，是实现高等职业教育目标、改善高等职业教育质量、优化高等职业教育竞争力的关键。建立一套有效、科学、全面的职业教育价值评价指标，对于合理分配我国教育资源、推进教育公平具有重要意义，这也是我国教育现代化的一个重要标志。在建立高职教育价值评价指标体系的过程中，应重点关注以下几个方面。

1. 人才培养目标与社会需要是否相适应，是人才评价的一个重要依据

它主要体现在教学内容与产业发展方向是否匹配，能否满足社会对高素质专业人才的需要。通过定期的行业调查，与企业和行业团体进行合作，对课程的内容和教学方式进行实时的更新，以保证所培养出的人才能够与社会需要相适应，同时，这也是衡量高等职业教育是否具有针对性和实用性的一个重要标志。

2. 在评价指标体系中，教学过程质量是一个关键环节

这既与教师自身的专业素质、教育水平有关，也与课程设置是否合理、教学方式是否创新有关。因此，要从教师的学术素养、职业经历、多种教学方式和教学实践等方面来衡量教学过程的质量。另外，学生的投入程度、学习成果以及对教学的满意程度也能体现出教学过程的质量。

3. 在评价指标体系中，要重视对学生的知识、技能的掌握和创造能

力的培养

例如，可以通过期末考试、专题评价、实习表现等方式进行评价。而对学生解决问题的能力、团队合作精神以及批判思维能力的评价，则是高等职业院校能否培养出具有市场竞争力的毕业生的一个重要标志。

4. 在教学评价中，要把教师的科研能力、教学改革的投资、双师素养的体现等作为评价指标

其中包含科研成果的获取、教学革新的计划、行业经验的更新等，从而保证了教师的不断成长，并不断提高教学质量。

5. 评价制度要考虑到教育公平与可持续发展

具体表现为教育资源配置是否合理性、弱势群体学生的受教育机会是否充足、投入与产出的收益比率是否合适。运用这些指标，既保证了职业教育的普遍性，又保证了教育投入的经济性。

6. 在建立评价制度的过程中，中外对比也是一个重要的考量

通过与世界各国和地区职业教育的模式、成功经验及面临的问题进行比较，从中汲取有益的启示，促进高等职业教育国际化，提高高等职业教育的国际影响力。

7. 评价指标体系的动态、反馈机制

评价指标体系应具有动态、反馈机制，能够及时根据评价的结果对教学策略进行调整。在此基础上，通过定期自我评价、同行评价、第三方评价等方式，保证评价指标体系的客观性和公正性，使之符合社会变迁与教育发展的需要。

因此，要从社会需要出发，注重教学过程和成果，突出师资队伍的专业化、创新性、公平和可持续，借鉴国外先进经验，建立动态反馈机制。只有建立了科学的评价制度，高等职业教育才能确定自己的发展方向，提

高自己的总体素质，才能为社会输送更多的技术技能型人才，满足高速发展的经济社会需求。

三、评价方法与工具的应用

在建立起职业教育评价指标体系的基础上，选取适当的评价方法，以保证评价结果的准确性和有效性。在评价方法上，应注意质与量的平衡，使学生对教育有一个整体的认识。目前，主要采用自我评价、同行评价、专家评价、学生反馈以及数据分析等方式。

1. 自我评价

在评价指标体系中，自我评价是最基本的一环。自我评价是指职业学校或教师自身对教学质量的自我评价，并利用教学计划、教材审核、课程反思等内在质量保障机制，来发现并解决存在的问题。自我评价可以增强学生的责任心，促进学生不断自我提升。

2. 同行评价

同行评价是指借助校外专家或同行的专业评判，对课程的设计、教学方法和教学效果作出评判。同行专家往往拥有深厚的教育背景，其点评能够为被评人提出宝贵的意见，从而提高被评人的教学能力。

3. 专家评价

专家评价一般是由独立的第三方组织开展，其专业性强、独立性强，保证了评价结果的公正、权威。专家评价可以从整体上对职业学校或某一具体的工程进行评价，如课程评价、教师评价等，为政策制定者提供改善的基础。

4. 学生反馈

学生反馈作为评价制度的一个重要组成部分，是教学质量评价的重要组成部分。通过课程评价、访谈以及问卷调查等方式，了解学生对课程内容、教学方法、教师表现等的不同看法，以提高教学的针对性和满意度。

5. 数据分析

数据分析通过数理统计，将所收集到的数据予以筛选、整理以及分类，找出存在的问题及解决的方向。通过对学生就业率、课程满意度以及学习成绩等方面的数据进行分析，可以为学校制定教学政策提供依据。

在应用评价方法与工具时，需要注意以下几点。

（1）多角度结合。评价不应仅依赖单一方法，而是要结合多种方法，从不同层面获取全面的信息。例如，自我评价与同行评价相结合，既保证了内部的自我监控，也引入了外部的客观视角。

（2）定期与持续。评价并非一劳永逸，而是一项持续性的工作，需要经常地进行，以追踪教学品质的改变，并依此对教学策略予以调整。

（3）透明与公开。评价工作要公开透明，使各参与人对评价的准则及方法有充分的了解，从而形成公平公正的评价。

（4）结果反馈与改进。评价结果要及时反馈给受评者，并在此基础上提出改进建议，形成“评价—反馈—改进”的闭环循环。

（5）技术支撑。充分采取先进技术作为支撑，如数据分析软件、在线问卷等方式，不断提高评价的精确性与有效性。

只有正确地选取并有效地使用评价方法，才能使职业教育的价值评价系统化、客观性，从而提高高等职业教育的教学质量，推动职业教育不断进步与发展。教师对学生进行评价，是一个推广教育思想的过程，有利于提高整体教育生态的质量，增强教育的社会职能。

四、评价结果的应用与改进

1. 价值评价结果的反馈与应用

在评价指标体系中，评价结果的反馈与应用是一个必不可少的环节，激励着教师与学校不断地反思、完善自己，保证教学质量不断提高。首先，评价的反馈应该是及时的、具体的、有指导意义的。就高等职业院校层次而言，评价的结论应当指出总体办学层次的优缺点，并从课程结构、师资培养和教学资源等方面提出改善对策。在教师层次上，反馈要注重个人的教学实践，了解其在教学方法、课程设计和学生支持等方面的绩效，并提出有针对性的意见，帮助教师及时调整教学策略，提高教学质量。

评价结果的应用，是为了推动教学创新和改革。在此基础上，建立健全质量保证机制，建立教师激励机制，推进课程改革。同时，将评价结果应用到教育资源配置中，以保证资源更多地流向绩效较好或有待提高的地方。同时，考核结果还可作为教师晋升、续聘和工资调整的参考，从而促进教师持续改进教学。

在实践过程中，评价结果的反馈和应用都离不开有效的交流机制。在此基础上，通过定期召开部门会议、教师座谈会等方式，将评价结果公布于众，促进各教育参与方对评价结果的认识，并积极地参与工作。同时，还应鼓励师生共同参与评价过程，让他们从被动的接受者转变为主动的参与者，从而提高他们对改进工作的认同感和责任感。

在评价的应用上要注意系统性，不仅要重视个别教师、个别学科的提高，更要注意提高职业院校的整体素质，其中包括更新教育观念、创新教学策略和评价制度等深层的教学变革。在此基础上，通过系统的运用，使教学工作逐渐形成一种自我反馈和自我提高的良性循环，从而不断提高教学质量。

职业院校教学质量的评价和运用是提高职业教育质量的重要环节。只有保证评价结果的有效和系统运用，学校才能从评价中受益，从而促进教学质量的大幅提高。高等职业教育要通过及时、具体、有针对性的反馈，以及科学、全面、系统的运用，使教学进程持续优化，为社会提供更多的高质量、高技能人才。

2. 高等职业教育的综合价值分析

在过去几十年中，职业院校充分发挥自己的优势，为满足劳动者的多元化需要，积极发展职业技能训练体系。为此我国相关部门也对职业教育改革提出了更多的战略要求与政策导向，主要包括以下内容。

2014 年，《现代职业教育体系建设规划（2014—2020 年）》明确提出，要满足社区、企业以及产业多样化的需要，同时兼顾非学历与学历教育。

2018 年，《国务院关于推行终身职业技能培训制度的意见》明确提出，要构建一个涵盖所有劳动者的终身教育体系，并在此基础上进一步补充和完善。

2019 年，《国家职业教育改革实施方案》明确提出，职业院校要切实履行“技能培养与学历教育并重”的责任，特别是要在部分试点职业院校中实施“双师型”教师培养。

2019 年，《职业技能提升行动方案（2019—2021 年）》明确提出，要实施“终身教育”，并开展区域性、全国性的职业培训。

2021 年，习近平总书记在全国职业教育大会中强调，要把职业培训与学历教学有机、协调地加以融合，建立现代职业教育课程体系，并对此提出了一些建议。

2021年，《“十四五”就业促进规划》明确提出，要实现多元化、多层次的职业培训，并对符合条件的职业教育机构给予补助，为职业培训提供足够的财政保障与政策支持。

2022年，新修订的《中华人民共和国职业教育法》开始施行，提出相关的职业教育机构要依法面向社会进行多种形式的职业培训。

2022年，《关于加强新时代高技能人才队伍建设的意见》提出的目标任务为到“十四五”时期末，技能人才占就业人员的比例达到30%以上，高技能人才占技能人才的比例达到1/3，东部省份高技能人才占技能人才的比例达到35%。并且，在职业教育机构中建立起一套高技能人才培养体系。

以上一系列的政策和法律文件都显示出，为了满足经济社会对技能人才的需求，我国正在大力推动职业培训向社会全面开放，这已是我国发展的一个重要战略需求。

在新的历史时期，高等职业教育正在进入一个全新的发展阶段，不仅是一个新的突破，也是一个符合时代发展趋势的必然选择，在培养人才的同时，也要为社会服务，为自身健康发展开辟新的空间。从办学职能来看，高等职业院校除提供全日制本科学历教育外，还开展中、短期及业余教育，面向社会、行业及企业。高等职业院校要拓宽办学空间，开拓自己的办学职能与理念，在与新的培养计划的对接中，挖掘职业学校的发展潜能，扩大自己的生存空间。高等职业院校拥有大量的教学资源，除提供给全日制的学习和实践外，也可以为社会上的劳动者提供培训，从而提高学校的教学资源利用效率。与此同时，通过职业培训，职业院校和劳动力市场有了密切的关系，可以更好地掌握市场对人才的需求和要求。通过与企业、社会的密切合作，充分挖掘和使用社会上丰富的教育资源，达到教育资源的整合与共享。高等职业院校可以运用自己的资源来展开专业性技能的培训，并建立一个有自己特色的品牌，以此来提升自己的核心竞争力，形成辐射与规模效应。如此，可以满足全日制学历教育学生的需求，同时还可以吸引到各个职业发展的群体。同时，学生将实践中的实际问题引入课堂，对“双师型”师资提出了更高的要求，也使教师在教育实践中不断地提高自己的教学能力与水平。

在新的时期，我们必须贯彻新的发展理念，抓住新的发展阶段，在提高科学技术水平、调整经济结构的同时，对人力资源也提出了新的要求。《制造业人才发展规划指南》指出，到2025年，中国制造业人才缺口将达到3000万，而在2020年，这一数字仅为1900万人。在日趋激烈的市场竞争中，产业的转型升级与创新发展对技术技能型的人才需求越来越大，并衍生出劳动力市场资源结构不平衡、就业压力不断增大以及劳动力素质亟待提升等一系列问题，对劳动力的职业技能提出了新的需求，急需一批拥有前沿科技专业技术与装备制造技术的人才。而这些均可以通过专门的技术技能培训与正规的学历教育来获得，通过提升人力资源的附加值与利用率，不断提升人才技能素质，从而减轻就业压力，满足社会经济发展的需求。

3. 改进策略与实施

（1）优化评价方案，明确责职分工。高等职业教育质量提高是一个不断发展的进程，既要有清晰的战略目标，也要有切实的执行措施。在运用价值评价结果之后，高等职业院校应该根据自己的实际情况，制定有针对性的改进对策，并采取一系列的对策来保证它的实施。在此基础上，根据评价结果，提出相应的改进方案。为此，应制定清晰的改进目标。例如，提高学生的满意度，提高教师的教学水平，优化课程结构，以保证改善工作的针对性。同时，改进方案要有时限、有人员，以保证工作有条不紊、职责分明。

（2）强化师资培训，提高教师素养。高等职业院校应该为教师提供个性化的师资培养，针对教师个人的特点与需要，进行教学方法研讨、行业知识更新、科研能力培养等方面的培训。在此基础上，通过开展校内外学术交流与实习，提高教师的“双师”素养，保证其所讲授的课程具有实用、前沿的特点。

（3）优化课程体系，提高教学质量。高等职业教育要结合产业发展需要，结合学生的反馈，对课程予以适时的修改，以保证教学内容的实用性和创新性。在教学过程中，可采用引进企业专家给学生授课，在教学过程中设置更多的实习专题、个案研究等，提高学生的实际应用能力。

（4）运用现代化教育技术，改进教学方式。在教学方式方面，大力推进混合式教育、网上教育平台等现代化教育技术的运用，以满足数字时代教育的需要。为了提高课堂教学的互动性、有效性，应积极进行实验教学，并且要善于使用新的教学方法。在此基础上，提倡“以学生为本”的教育思想，提倡“合作式学习”“鼓励式讨论”教育方式，发扬“团队合作”与“批判思考”的精神。

（5）建立动态回馈机制，持续的质量改进。要鼓励学生、教师以及业内专家不断地对教育改革进行评价，从而对教学内容予以适时的调整。另外，通过引进第三方评价手段，如教育评价组织、国际评价等，以获得独立公正的评价结果，帮助高等职业院校及时发现存在的问题，提高其国际竞争力。

（6）公布评价结果，强化改进的有效性。评价结果的透明化对改进的有效性也有很大帮助。高等职业院校要将评价结果公布出来，让教师、学生以及家长知道目前的教学质量状况，并将改进措施公布出来，让所有方面都可以看到改进进度，加强改进工作的可信度。

（7）合理配置资源，建立评价体系。在资源分配方面，高等职业院校要优先保障改善教学设施、加强师资培训、建立评价体系。同时，运用性能管理手段，把资源配置到有效果的改进项目上，从而达到更好的效果。

（8）加强政策支持，建立激励机制。政策支持是提高教学质量的重要保障。教育部门要制定相关的政策，促进高等职业院校的教学改革，对教学质量提高成效明显的高等职业院校予以表彰，并在财政、招生等方面给予一定的资源倾斜，让更多的高等职业院校积极参与其中，通过改善教学质量来增强办学实力，从而建立起一种良性的竞争和激励机制。

（9）优化办学层次、深化校企合作。优化办学层次、深化校企合作能够在一定程度上促进职业教育改革持续改进。例如，通过加强校企合作，积极探索校企合作的新途径，将使高等职业院校所学的理论知识和企业生产实践紧密结合，培养学生的实际操作能力。此外，要提高企业的参与程度，可以制定相关政策，在融资、税收等方面对参加高等职业教育的企业给予优惠，并建立专门的基金，对大力培养高技能人才的企业给予补助，实现政府、企业和学校的三方共赢。

第二章

高等职业教育与职业培训理论

第一节 高等职业培训的相关理论

一、职业培训

职业是指个人所从事的服务于社会并作为主要生活来源的工作，培训则是为了智力、体力的锻炼与开发而进行的一项活动。然而，由于研究视角的差异，对于“职业培训”这一术语的定义也不尽相同。学者朱克忆将职业培训定义为区别于一般教育的一种教育类型，是以具有职业需求的劳动者为对象，其目的是培养职业态度、教授职业技能与知识等，其特点是实用性强、适应性强以及周期短。《中华人民共和国劳动法》规定，职业培训是指对有劳动能力的劳动者，为了取得从事某一职业和做好工作所必需的职业纪律、职业道德、专业知识以及实际操作技能等方面的教育培训。与此同时，在职业教育中，职业培训也是尤为关键的环节。《中华人民共和国职业教育法》对职业培训的内容主要界定为转岗培训、在岗培训、学徒培训以及从业前培训等，并结合实际情况，将职业培训分为高级、中级以及初级三个方面。与此同时，职业培训是由各现代职业院校所实施的，其他的教育组织等也可以按照自身的办学条件，开展多元化的、面向社会的职业培训。从某种意义上说，职业教育强调“科学”“实用”，其发展趋势在于“以市场为导向”，无论是课程设置还是培训项目、培训方向的确定，均需要与当下人才市场的实际需求紧密联系。职业培训的主要目标是提升个人在特定职业领域内的技能、知识和能力，以满足职业发展的需求，具体包括提高专业技能、促进职业发展、提升解决问题和创新能力、确保工作安全与健康、提高工作满意度和忠诚度，同时确保符合行业标准和法律法规要求，培养跨文化交流能力和职业道德，进而增强企业竞争力和社会责任感。

二、高等职业教育产业化理论的基本思想

20 世纪 60 年代，西方经济学家舒尔茨（Schultz）等率先提出了“人力资本”这一具有划时代意义的理论模型，它突出了教育的经济效益。这一点在理论上得到了大力提倡高等职业教育产业化的人士的支持。20 世纪 80 年代末，人力资本理论再次盛行，并引发了职业院校工业理论的二度繁荣。一些主张高等职业教育产业化的学者认为高等职业教育的改革应沿着企业化、商品化、市场化、产业化的方向发展，提倡完全按产业化模式运作的学者，并从以下几个方面进行论证。

第一，高等职业院校在某种程度上出现了供求矛盾，这就意味着在教育市场中出现了“供”大于“需”的情况，因此要采取产业化的方式，引入市场化的机制与制度。

第二，通过实施教育产业化，可以很好地解决目前我国教育发展中存在的资金短缺问题。高等职业院校的资金不足已成为制约我国高等教育事业发展的一大“瓶颈”，为此，实现高等职业教育产业化是解决教育资金不足的重要途径。

第三，高等职业教育的产业化能够对教育消费起到导向作用，从而拉动国内需求，拉动经济发展。让教育从纯粹的消费活动变成一种投资活

动，实施教育产业化，将传统的政府投入模式转变为社会对教育进行多元化的投资，可以引导更多的人将存款投入高等职业教育中来，以此来扩大国内需求。

第四，教育产业化对解决当前的就业难题具有重要意义。西方经济学家估计，在整个社会中，教育能提供大约4%的工作岗位，这就导致了大批原本应该参加工作的青年因为接受长期教育而延迟了加入劳动大军中。

此外，一些提倡高等职业教育产业化的学者提出，高等职业院校收费是一种“以物易物”的行为，即学生购买教育资源，实现了对高等职业教育的消费需求。为此，高等职业教育实现全面产业化，其经济效益将是非常可观的。部分学者提出，高等职业教育产业化就是将职业院校的学术资源转化为一种资本，再将科技成果转化为生产力，实现“技术—学术—生产力”的运行闭环。还有部分学者提出，从经济学角度来看，职业教育产业化是指企业化与市场化，也就是利用市场机制合理分配教育资源。另有一些学者提出，按照经济发展的客观规律，工业化的前提在于市场化，职业教育产业化也必然要求学生受教育投资化、教育机构的企业化以及教育活动的市场化。

基于以上分析，笔者认为，高等职业教育产业化可以概括为高等职业教育资源市场化与高等职业教育办学企业化，应将现代职业教育视为一个产业。伴随着经济体制改革的不断深入，我国教育事业也呈现新的发展趋势。一方面，教育具有“输出”与“输入”两种功能，教育投资又分为服务性投资与生产性投资两部分，具体又可以细分为货币性投资与非货币性投资两部分。可以说，教育作为直接、间接产出的产物，是一种以流动形式存在的教育服务与劳动能力。此外，教育也可以产生大量的经济利益，通常，教育对国民生产总值的增长有不低于4%的直接影响，在西方发达国家中，这一比例达到6%~7%。

按照前文所述，教育是一种产业，那它又是什么产业？长期以来，人们普遍把教育归入第三产业。笔者认为，教育是一种知识密集型的第四产业，即知识产业。而职业教育又不同于农业、工业及其他服务行业，因此，职业教育不可能完全实现产业化。关于职业教育应彻底产业化这一理论，笔者提出了自己的看法，并在此基础上进行了以下探讨。

第一，明确职业教育的产业性质。1954年11月美国经济学家保罗·萨缪尔森在《经济学与统计学评论》上发表的《公共支出的纯理论》中首次提出公共物品理论，并为经济学家所采纳。公共物品具有非排他性、非竞争性等特点，但是，教育服务是一种既有竞争又有不排他的准公共物品，应该通过市场与政府两种方式来实现，并通过市场机制及规划来实现。如果仅仅依靠国家供给，或者完全依靠市场来实现教育资源的最优分配，都是不可取的。因为在教育的各个环节，其产品的性质是不一样的，所以在分配与供给上也是不一样的。作为一种准公共物品，教育有着很大的外部性，因此，它不能被市场化与产业化。职业教育不可能实现全面的市场运行，即不可能实现彻底的产业化。

第二，要正确理解职业院校收费问题。如果职业教育不能产业化，则不可以进行收费，这是一种错误的认识。一方面，在此基础上，笔者提出了“适度收费”的概念，并对其进行了一定程度的补偿，这才相对合理。从表面上看，学费表现出了一定的“价格”性质，但从实质上讲，它并不是一种等价的衡量标准，而是一种非物质的价格，更不符合商品的价值规律。从全球范围来看，学费在教育成本中所占的份额是有差异的，大多数国家的学费在生均培养费用中所占的份额都在20%以上，因此，制定学费的标准不能完全按照“利润+成本”来衡量。在我国，1996年由财政部、国家计委以及原国家教委三部门联合下发通知，对全日制普通职业学校，在现阶段其收费标准不能超过职业院校年生均教育培养成本的25%为最高限额。因此，职业教育收费没有按照市场经济的基本原理，也没有遵循价值规律的基本原理。另一方面，教育特别是职业教育能够激发受教育者的劳动潜力，从而具有更高的期望回报。按照“谁受益，谁付费”的原则，职业院校的办学主体也应该是其中的一员。研究显示，在全球范围内，职业院校的个人回报率已达20%，是社会回报率的近两倍。从客观上说，应对受益的学生收取较大的费用。但实际情况并不是这样，对学费的收取只在20%以内。

第三，职业教育产业化理论片面地认识到了教育的强大经济价值与作用，却忽略了它所具有的文化、生态、美学、政治、伦理以及科学技术等多重价值与作用，片面地将其视为教育的一切，这是不对的。总之，职业院校不同于银行、商店以及工厂等机构，不能简单地将市场经济运行规律与机制套用于教育之中。目前，世界各国的教育立法均以育人为目的，教育机构均具有非营利性。为此，如果把教育实行企业化与市场化，那么就会使“育人”目的变成一种“方法”，“盈利”成为教育的最终目的，职业院校就会演变为“营利机构”，从而造成“教育异化”。

第四，部分职业学校办起了科技园区与企业园区，将后勤部门企业化与社会化，搞有偿社会服务，这一种“创收”形式被人误以为是教育产业化。然而，这种由职业院校所创办的企业，并不完全是为了育人，而是一种经济性质的产业活动，它所产生的经济效益，一部分上交给职业院校，作为职业院校资金的补充，是对职业院校投资与支持的正常回报。职业院校的部分后勤活动与校办企业，都已经不再属于教育产业，所以不能纳入教育产业化的范畴。

综观国际上的教育状况，目前还没有任何一个国家将职业教育全面推向市场，实行职业教育产业化。一种观点认为，教育是一项消费型的社会福利项目，由政府出资组织，如北欧的一些国家；另一种观点认为，教育是一种竞争型的公共产品，由政府组织或者资助，如北美一些国家。

从我国的教育战略地位、教育发展实际以及基本国情来看，各级政府部门既要担负起教育发展的主体责任，又要主动引导各层次的职业院校规范发展，要坚持教育公益的原则，严禁职业院校中出现种种不正当的“产业化”趋势。要实现营利性与非营利性结合、有偿教育与补贴教育结合、教育平等与教育效益结合，具体内容如下。

第一，要明晰教育的价值定位，突出其多方面的作用。在这一过程中，教育的功能在于通过提升人的全面素养，为整个社会的各个系统提供优质的人才，从而让这些人能够真正地成为各行各业的管理者和建设者。它所产生的深远的社会效应，是其他任何一种经济方式都无法替代的，也是职业教育产业化所无法实现的。因为教育是一个推动人的整体发展的进程，所以其区别于一切与教育无关的物质生产的社会进程。

第二，要健全职业院校的公共财政制度，完善职业院校的办学条件。除了要加强财务监督与审计、保证生均经费逐年增长以及确定教育经费比例，还必须制定完善的地方性法规和政策来规范民办职业院校与公办职业院校的财务管理。保障职业院校法人财产权，要尽快实现职业院校会计核算方法与会计核算体系的有机统一。与此同时，要在坚持公共利益原则的基础上，制定科学合理、切实可行的回报政策，从而引导更多的社会资本投入职业教育事业中来。

第三，要强化对职业院校的财务监督，并制定相应的责任追究机制。

职业院校注册成立后，要根据《中华人民共和国职业教育法》及其实施细则展开成本核算，制定合理的收费标准与项目，使职业院校的收费更加公开、透明。此外，根据法律规定，职业院校在预留发展基金、扣除办学成本以及按照国家有关规定提取其他必要的费用后，确保在办学结余中取得合理收益。与此同时，要健全责任追究机制，并将审计结果予以定期公布，针对乱收费、不规范办学的职业院校予以曝光，针对实际牟取暴利或以牟利为目的的职业院校，一律撤销其免税资格，并暂停或限制招生资格，必要时可以提交司法或公安机关处理。

三、人力资本理论

20 世纪中叶，美国人力资本理论之父舒尔茨正式提出了人力资本理论，认为人力资本是人所拥有的，能够使个人的收入增加的技能以及知识的总和，是以人的素质与能力为核心。人力资本是一种投入，无论是社会还是个人，都能从中得到回报，而且其投入回报率要比物质资本回报率高得多，对经济增长的贡献率也要高得多。人力资本的根本目标是改善人口素质，教育是达到这个目标的根本途径，主要体现在以下两个方面：第一，人力资本已成为国民经济发展的一个重要环节，人才素质的高低对一个国家的经济发展起着决定性的作用；第二，教育与培训是提升人力资本的一种重要方式，职业院校的培训工作既能使自己受益，也能从外部得到好处，为职业院校开展职业培训工作提供了强大支持。

一般来说，人力资本可以划分为通用性与专用性两类。通用性是指具有跨企业行业一般适用性的生产技能与知识，并且职业培训也是针对下岗员工再就业、退役士兵就业以及农村劳动力转移等群体进行的，因为该类群体目标不明、情况复杂以及人数众多，所以更适合开展通用性的人力资本培训。目前，社会对这一人力资源的需求很大，职业院校可以充分发挥自己的资源优势，有的放矢地开展人力资源培训，形成规模效应，并建立起自己的培训品牌。专用性是指在不同的产业中，具有一般适用性的生产技能与科技知识，职业教育是针对具体企业中已经完成了某种工作的一批人进行的，是为这一职位进行专门培训的人力资本，其最显著的特征就是不能转让。所以在考虑到员工"跳槽"的概率较低，并且为了提升企业的竞争能力，企业更愿意付出培训费用的情况下，职业院校可以积极地与企业进行协作，共同展开培训。

运用人力资本理论开展职业培训，一方面可以指导高职院校开展职业训练工作以协调各方的利益和合作。另一方面，运用这一理论可以更好地指导高职院校办学，促进教育与培训的发展，并间接优化企业的人力资源配置，彰显其社会价值所在。

四、终身教育理论

终身教育理念源远流长，最早可以追溯到古代，在各个时代的教育家的教育观念中，都可以看到终身教育的雏形。这一经典的终身教育思想，为今天的终身教育理论打下了坚实的基础。保罗·朗格朗在巴黎成人教育国际大会上提出终身教育的理论后，很快成为世界范围内的一股热潮，被世界各国重视，并被作为一项重要的发展战略，在世界范围内积极构建和推行终身教育的学习体系。

终身教育的内涵有两个方面：一方面，从时间上看，终身教育是指为个体提供充分的学习机会，使其能够在整个生命过程中得到最大限度的教育，这一教育涵盖了人从生到死期间所受的所有教育。另一方面，从空间上看，人一生所接受的各类教育的总和，以及彼此之间的相互关系，比如职业教育与职业培训、家庭教育等方面的互动，意味着教育不能只局限于个体，而应该从整个社会、整个国家的角度去思考。可以说，教育渗透到社会生活的每个方面，为了满足每个人的学习需要，最大限度地调动各种社会资源。

终身教育理论一经提出，就与职业教育产生了紧密相连的关系，具体表现为：第一，教育应该是一项覆盖所有人的生命活动，它不仅针对正常进行学习的学生，而且包括失业人员与就业人员在内，都可以享受到所有再受教育的权利，从而满足他们对技能提升与知识储备的需要；第二，终身教育理论倡导人的个性化与主动化的学习。

五、培训理论

1911年，“科学管理之父”泰勒在《科学管理原理》一书中首次提出了“培训”的概念，并对培训在企业中的支持作用展开了研究。之后，雨果·芒斯特伯格指出，在劳动生产力中，心理学是一个重要的因素，它强调了对军事人员与文职人员的培训与选拔，不难看出，早期训练理论着重于对培训的重视。20世纪30至60年代，诸多学者开始重视认识法则在企业经营中的作用，并逐步形成了行为科学的管理学理论。早期的培训理论对现代培训理论的发展具有重要的指导意义。20世纪60年代以来，随着研究角度的变化，培训理论逐渐成为一种现代化的管理理论，并在此基础上形成了一套完整的理论体系。第一，培训需求分析理论。麦格希等学者对各个层面的需要展开系统性的分析，以此确定培训的流程与方式。约翰·阿诺德等学者认为，应从个人信息网络、企业体系、竞争对手知识、产品服务知识以及专业知识等层面，对培训需求予以整合分析。第二，培训评价理论。学者戈德斯坦对培训评价的适用性与必要性展开了探讨，并建立了一套比较完整的培训评价理论。现有的培训效果评价模型，主要整合了 CIPP 评价模型、CIRO 评价模型，尤其是“反应—学习—行为—结果”四级评价模型，通过不同层级对培训效果作用的分析，为优化培训模式提供了指导。第三，培训迁移理论。培训迁移理论是把培训过程中所学到的技能、知识运用到实际工作中去，一般来说，主要可以划分为两类，即短期迁移与远程迁移。远程迁移是指把所学到的知识运用到不同的情景中，而短期迁移则是指把所学到的知识运用到相似的情景中。与此同时，霍尔顿从迁移气氛、迁移设计以及迁移动机三个方面，对培训迁移理论展开了进一步的丰富与补充，并建立了相应的理论模型，其理论模型如图 2-1 所示。

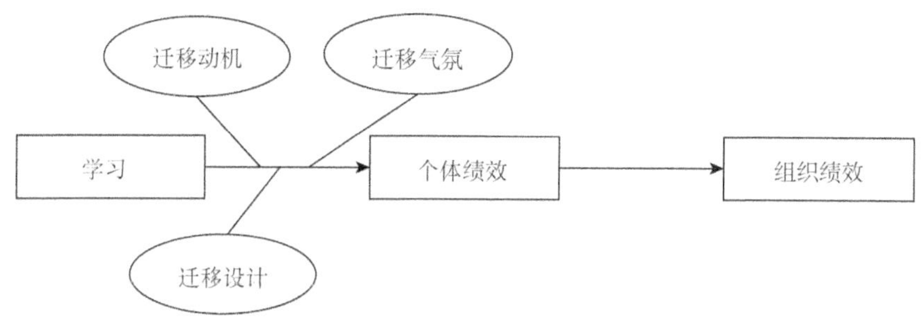

图 2-1　霍尔顿理论模型

从本书的角度来看，培训的开展必然要将有关的培训理论应用到各个方面，为培训的前期开展、过程中的执行和事后的评价提供了理论支持。

六、学习型组织理论

学习型组织是指通过培养弥漫于整个组织的学习气氛，充分发挥员工的创造性思维能力而建立起来的一种有机的、高度柔性的、扁平的、符合人性的、能持续发展的组织。学习型组织可以从两个层面来理解：第一，社会中的每一个人都必须具备持续的学习行为、学习能力以及学习精神，从而推动整个社会乃至个体的发展；第二，社会无处不在的学习环境与资源，不仅为每一个人的学习创造了机遇，也通过了必要的学习动力。学习型组织是20世纪初出现的一种管理思想。20世纪60年代，美国哈佛大学佛罗斯特教授在其著作《企业的新设计》中，首次提出了“学习型组织”的概念。他以系统动力学为基础，提出了学习型组织应具备的主要特点，主要包括组织内部结构关系不断调整、组织持续学习、组织开放性、组织信息化以及组织结构扁平化等。

20世纪90年代初，美国麻省理工大学彼得·圣吉教授在其著作《第五项修炼：学习型组织的艺术与实务》中，对学习型组织的发展历程作了详尽的阐述。他认为，学习型组织是指组织成员通过持续地发挥自身的潜能来达到自己的真实意愿，并在组织内形成一种富有影响力与创造性的思维方式，能够凝聚激情，持续在团队中学习。只要有群体的地方，无论其规模、级别以及类型如何，都可以在理论上成立一个学习型组织。在学习型组织中，要具备以下五种基本修养：一是以自我超越为出发点，以持续的学习为出发点，建立学习型组织的精神；二是持续地厘清自己的真正渴望，专注于自己，培养耐心，实现自我价值，将社会发展主流与自己的奋斗价值融合在一起，让自己的思想更加完善，并能够包容他人的思想，让自己的思想能够更好地表达出来，常见的方法是“左手栏”“跳跃推理”，关注论证与探究，了解“运用的理论”与“支持的理论”的区别，在组织内创建共同的使命、价值观以及目标，并形成强有力的驱动力量；三是把个体的愿景融入组织的共同愿景中，可以让组织成员真挚、积极地贡献和全身心地投入团队学习中，不是个体独立进行，而是把成员之间的协作、共同达成目标的能力发展起来；四是在构建学习型组织时，要有一个系统性的思维方式，注重让组织成员用全新的视角来看待整体关照与组织发展的思维方式，加强对组织循环因果关系的认识，从而拓宽思维的广度，理解其所产生的复杂现象，从而激发出组织的创新发展活力；五是很多成功的企业都为创建学习型组织提供了宝贵的经验，这对于推动我国职业教育事业的发展，均有着重要的参考价值。

高等职业院校作为教育领域最基层的组织，创建学习型高等职业院校既是学校发展的基础，又是教师成长的保障，因此开展创建学习型组织与开展校本培训并不冲突。高等职业院校要想成为一个不断向上、富有活力的组织，其根本就是要求变，这就需要每个教师用恰当的方式去开展自己的工作与学习，从而建立起一个学习型组织。当然，个体学习不能取代组织学习，组织学习并非个体学习的简单相加，在组织内，每个个体的学习都需要在整体上予以协调。所以在学习型组织中，领导者需要为成员之间进行必要的协作创造架构与条件，这对建构职业院校本位教育的具体内容、观念等提供了启示与方向。将校本培训作为建设学习型职业院校的一种方式，其核心是建立适合自己的课程体系。随着现代科技的发展，人类的知识总量迅速增长，而知识更新的速度也在不断加快，仅仅依靠较少的专业进修，已经无法适应知识经济对现代职业教育的需要。教育与其他行业一样，也应该是学习型的，从业人员需要不断地对自己的技能与知识予以不断的充实及更新。同时，我们意识到，单一的教师培养制度已无法满足新时代发展的需求，要想让教师具备新的知识体系，就有必要实行终身教育。我国传统的教师培养多以在职进修、脱产学习为主要目标，以提高文化素养与专业知识为主要目标。高等职业院校在双师型师资培养过程中，受自身条件的制约，普遍存在效果不佳、机会不多等问题。因此，基于学习型组织的职业院校，更要注重教师的自主学习，也就是通过建立一个自我学习机制，把教师的教学工作及自我学习联系在一起，从而让他们的内在动力得到最大限度的发挥。

七、成人教育理论

教师培训是成人教育的一种，它有自己的规则与特征，只有在符合其规则与特征的情况下，才能得到良好的效果。诺尔斯是美国现代最具影响力的成人教育专家。他认为，成年人越来越多地认识到提升自己的重要性，在实际生活中遇到的实际问题能有效地促进他们学习的主动性。成人学习主要有自我指导的个性，以及不断强化的、独立的特点。也就是说，学习的操控者是他们自己，他们可以自律、自主地进行学习。同时，成人在持续发展中所获得的人生经历与劳动经验，都是继续深造的宝贵资源。诺尔斯相信，在成人学习中，成人的经历是一种有价值的财富。当然，成人的学习目标是清晰的，他们的学习目标是及时和有用的，能够发现问题并解决问题。同时，成人的学习目标要求成人把自己定位于解决目前所遇到的问题，并将学习的实效性与有效性结合起来。同时，成人的学习能力并没有随着年龄的增长而降低，反而在一些领域有一定的优越性。

八、主体需求理论

主体需求理论又称基本需求层次理论，是美国心理学家马洛斯在 1943 年提出的。马洛斯把需求分为生理需求、安全需求、爱和归属感、尊重和自我实现五种，依次由较低层次向较高层次排列，最后出现的是最高级的自我实现的需求。该理论对有效调动人的积极性有一定的启发作用。在新历史时期更要求尊重人的主体价值，发挥人的主观能动性。教师作为主动参加教育教学的主要对象，其需求呈现多元化的特点，按照需求的实现方式，可以将其划分为现实需求和潜在需求两类。作为一个社会角色，教师的现实需求包括情感需求、道德需求和认知需求，与之相应的是，潜在需求中的真、善、美，是一种更高层次的需求，是教师自身的超越需要。教师内在的认知需求，促使他们重视运用和拓展自己的专业知识，并继续提高自己的职业素质，继续建立自身的专业发展意识，由此产生符合时代需要的具有一定深度的知识架构，促使教师立足于“真”，构筑和谐、民主的师生关系，为其职业成长奠定坚实的伦理基础，使其获得更强烈的精神认同感和精神上的安全感，爱自己的生命，敞开胸怀，在“善”的基础上感染别人，进而达到“善”的目的。这一内部的感情需求促使教师大胆地进行实践，大胆地去寻找新的问题，探寻新的途径，用创造性的办法去处理各种教育问题，使自己变成一个思考的实践者和行为的观察者，在每天的教学过程中感受到荣耀和喜悦，体验到生活中的喜悦和激情，进而完成对“美”的追求。总之，对教师内部的超越需要是一种促进自身发展、提升和超越的动力。

教师追求卓越是指对目前自身发展状况的不满足，期望并追求更完善、更高水平的发展状况，通过对自身的探究和创新，改变现有的教育环境，从而在这种教育环境的改变中实现自身的变革，获得自身的突破。在教师自我需求持续实现的过程中，教师的现实需求与潜在需求交互作用，教师的自我超越要求教师能够用一种批判性的眼光来审视现实的世界与人生，正是在这种潜在需求驱使下，教师的情感需求、道德需求以及认知需求得以实现，并通过自己的努力，达到对真、善、美的追求。

第二节 高等职业教育培训理论的内容体系

一、职业教育培训理论的价值体系

职业教育培训理论要求，职业教育教学资源丰富、专业门类齐全、培训标准规范，适合于中、高职业院校展开教育教学工作。无论办学年限长短，职业院校都有自己的师资、校舍以及实验设备，在此基础上，充分发挥自身优势，对社会主体开展各种类型的培训，可以增强职业院校的社会效益。

1. 教学资源丰富

职业教育培训是提高职业院校经济效益的一种有效方式，一方面，近年来各职业院校都加大了对实验训练设备的投资，尤其是工程类职业院校，其实验培训设备基本能够满足职业教育的需要。通过数据分析，各职业院校实验培训器材的平均使用率并不高，主要集中在晚间、周末利用，可见相关实验培训器材仍有较大的发展空间。另一方面，职业院校的师资力量雄厚，大部分教师都是本科以上学历，硕士研究生学历的数量也很多。在教师群体中，双师型教师的比例占总数的70%。与此同时，许多职业院校主动将有实践经验的技术性专业人才引入，或者聘请一些专家、学者来当兼职教师，这对职业院校的教师队伍构成起到了很大的改进作用。

可以说，职业院校开展职业教育培训，具有效益高、无风险以及灵活性大等优势，并实现“双赢”。

2. 专业门类齐全

职业院校依据国家相关教育规定及学科专业目录要求，相关专业门类极其丰富，涵盖了多个学科门类。在每年更新的“普通职业技术学院”指导专业目录中，也有诸多新设立专业。职业教育是根据社会发展、行业经济以及当地区域的需求，从职业岗位群与技术领域的角度对专业予以调整及规范，其专业口径可宽可窄，具有较高的灵活性。为了更好地指导职业院校专业建设，《普通高等学校高职高专教育专业设置管理办法（试行）》应运而生，共计设置六个专业，而具体的专业设置，则需要依据各地的产业优势、办学优势及办学条件来进一步展开，开设专业种类众多。以岳阳职业技术学院为例，主要分为人文科学系、临床医学系、药学检验系、护理系、生物应用工程系、电子工程系、生物工程系、经贸系、计算机系、艺术系、动物科技系和机电系，在这些系中，又衍生出了诸多的专业，包括计算机美术设计、会计、生物技术及应用、软件技术、国际贸易实务、园林技术、电子商务、法律秘书、临床医学、森林生态旅游、机电一体化技术、医疗美容技术、畜牧兽医、助产、经济管理、计算机应用技术、饲料与动物营养、秘书、环境艺术设计、动物防疫与检疫、计算机网络技术、模具设计与制造、商务英语、电子信息工程技术、园林工程技术、药学、护理、应用电子技术、公共事务管理、口腔医学技术、旅游管理以及市场营销等，专业门类尤为丰富、齐全。

3. 培训规范

职业教育是培养实用型、技术型人才的最便捷、最有效以及最直接的方式，所以职业教育在世界上得到了很大的关注。近年来，我国高等职业教育的毕业生数量呈逐年上升趋势，就业形势日趋严峻。面对日趋严峻的就业环境与就业压力，很多人都会选择接受再教育，并投入“充电”的队伍中，从而促进了职业培训的快速发展。目前，我国的教育机构如雨后春笋，各种职业培训计划也在不断涌现。然而，有些学校却违反了规定，比如许多职业院校拿老课程作为新课程或开设了不符合标准的课程，也有部分职业院校的广告宣传与实际情况不符。另外，一些带有欺骗性的培训机构，不仅会造成受骗者的利益受损，而且会对职业院校的权益造成很大的损害，从而影响职业培训市场的健康发展，因此，要加强对职业培训市场的管理及规范。从某种意义上说，职业院校在经营方面相对标准、成熟，这是普通社会教育培训机构所欠缺的，借鉴职业院校的成功经验，将职业教育培训纳入规范轨道，既有可能，也有必要。

二、职业教育培训的内容分析

充分利用职业院校的优势，促进职业院校开展职业教育培训，是贯彻实施职业教育政策的必然要求。2005 年，国务院召开全国职业教育工作会议，并明确提出，要把职业教育作为经济社会发展的重要基础和教育工作的战略重点，要把它摆在更加突出的位置。在推动再就业时、破解“人才战略”问题、走新型工业化之路以及实施科教兴国等方面，必须大力发展职业教育，强化职业教育培训。黄炎培先生大力提倡职业教育，提出“使无业者有业，使有业者乐业”的职业教育理论，并把它作为一种为所有人服务、为每个人提供就业服务的教育，并且着重指出，要造就数以千万计的高技术专业人才，亿万高质量的工人。在我国，职业院校开展职业教育培训，是一种适应终身教育发展趋势的必然。1972 年，联合国教科文国际教育发展委员会主席埃德加・富尔的《学会生存——教育世界的今天和明天》，在全世界范围内引起了一次新的学习变革，提出终身教育、学习型组织理论将主导人类社会的走向。人的生涯发展是一个不断变化的、动态的过程。随着知识经济的来临，人力资源的流失加速，企业对人力资源的需求呈现跨专业、跨产业的趋势。美国某个机构调查研究显示，在一个人的一生中，平均会换7次工作。所以，职业教育将会伴随人的一生，为职业教育培训的发展提供了广阔的发展前景。然而，当前的职业教育培训还不够规范，在软硬件设施及师资方面都有一定的短板。为此，职业学院加强职业教育培训，是实现自身资源优化配置的一个重要途径，不仅能够提升受教育者的专业技能与就业竞争力，促进其个人全面发展与成长，同时能够满足市场需求与产业升级对高技能人才的需求，推动社会创新与进步，增强社会稳定性与和谐，促进经济社会的持续发展。

职业院校应积极开展职业教育培训，扩大职业院校的影响力，并将其作为职业院校扩大办学规模的最好方式。职业院校要坚持“为人民服务”的理念，在抓好学校主体办学的基础上，充分发挥职业教育培训的优势，充分利用职业院校的教师资源与软硬件设施，在社会上大范围开展各种职业教育培训活动，提高职业院校的社会效益。同时，要树立管理意识，把职业院校置于市场经济的轨道上，实行岗后培训，扩大职业院校的办学空间，增加职业院校的经济效益。而职业教育培训则是扩大职业院校影响力的一个社交平台，通过职业教育培训，企业相关负责人对职业院校的认识更加深入，部分企业也成了职业院校的就业基地。所以，在一定程度上，职业教育培训工作本身就是职业院校自身事业发展的一种再生的社会资源。另外，职业院校开展职业教育培训，也是提高职业院校经济效益的一种有效方式，一些职业院校因为基础薄弱、建校时间短，再加上当地政府对其投资力度不足，购买实验设备、建造校舍等方面就造成了职业院校的债务负担。为此，职业院校的管理人员不得不更多地关注如何提高效益，这与职业教育的初衷背道而驰，而职业教育培训作为一项效益较高、灵活性较强且无风险的事业，能够很好地缓解职业教育经费短缺的困境，让职业院校更多地关注“育人”本身。

三、职业教育培训的重要性

在政策导向上，职业院校已经把发挥其社会服务能力与公共职业培训能力作为自身发展的一个重要取向，从某种意义上说，职业院校担负着“职业”与“学历”的双重属性，两者虽然同为职业教育，却有着显著区别。同时，职业教育在就业市场竞争日益加剧以及教育资源紧缺的情况下，广泛参与职业教育培训已成大势所趋，其重要性主要表现以下几个方面。

1. 有利于技能人才的培养

在当今社会，技术型、高技能的人才是各个岗位的“香饽饽”。而高职院校却存在所培养的人才技能水平不足的问题。要走出这一困境，就必须把职业教育的功能拓展到“培训”与“职业”中来。也就是说，不仅要对学生展开“学历”教育，还要引导“社会化”的职业技能培养，建立一个系统化的职业技能培养体系，这也是职业教育培养的一个重要目标。在高质量发展的指导下，职业院校应进一步认清自己的职能与使命，以满足社会需求为出发点，通过构建新型的绩效评价体系与管理方式，提高自身服务的能力，在职业教育培训中突出素质教育与专业能力这两大目的。可以说，职业教育培训开辟了社会培训市场，扩大了职业院校的办学范围，也为职业院校带来了额外的收入来源及招生途径，也有助于企业内部资源的有效激活，实现双赢。与此同时，还能使职业院校在办学条件、师资队伍建设等方面得到进一步的改善与提高，职业院校的办学理念与开展职业教育培训相契合，均在于服务当地经济社会建设，培养具有管理、建设以及生产等多方面技能的应用型人才，职业院校通过开展职业教育培训，也能够进一步全方位地审视自身人才培养的不足，并加以动态调整及优化，从而更好地保证人才培养的水平与素质。

2. 充分利用教学资源

大力发展职业教育，是职业院校提高核心竞争能力的一条重要途径。高职院校要积极地将自己的教育资源对社会公开，让它作为一个重要的资源分享平台，积极参与非学术性的学习，如企业的训练，吸收企业的生产管理一线的工作人员，参与教学改革。此外，充分发挥企业的生产条件，让学校实习实训基地得到更好的发展。企业还能利用职业院校的场地、师资以及设备，不仅能节省培训费用，还能达到互利共赢与资源共享的目的。从整体上来说，职业院校的设施设备仍有较大的利用空间，可以充分发挥其优势，积极投身于、服务于社会，让职业教育培训成为具有一定公益性的活动。

3. 提升职业院校的造血功能

在新时代背景下，我国所面临的经济环境、市场需求等，都发生了深刻的变革。一是因为产业转型，目前技术工人所需要的人数仅为半数，其中以初级工人为主，而高技术工人仅为一小部分，而每年所培训的专业人员却很少，其中大部分都没有经过正规的专业培训。二是伴随着城镇化的加速，农村剩余劳动力大量流入城镇，其中接受过专业培训的农民只占了很小的一部分，由于农村劳动力的素质较低、劳动技能的缺乏，阻碍了社会主义新农村的发展，也阻碍了他们自身的职业发展。从这一点可以看出，职业教育培训的需求量很大，这些人才培训将会进一步提升职业院校的造血功能。

第三章

高等职业教育的课程改革

第一节　高等职业教育课程的主要特征

一、职业教育课程设置的基本原则

1. 实用性与职业导向性

职业院校的课程设置的目的是提高职业院校毕业生的就业能力，以满足职业院校毕业生快速适应工作岗位的需要。其教学内容与企业工作的现实需要密切相关，既要重视学生的理论积累，又要注重学生的实践能力。

2. 理论与实践相结合

职业院校在教学过程中，既要重视理论知识的传授，又要重视学生的动手实践能力。一般来说，主要通过模拟实习、案例分析以及动手操作等多种形式，培养学生的实践能力。

3. 模块化与灵活性

职业院校的教学内容设计，充分展现了其模块化的特点，每个模块都精心聚焦于特定的职业技能或核心知识点，这种精细化的划分确保了教育的针对性和实效性。模块化教学不仅便于学生逐一攻克学习难点，逐步构建起完整的知识技能体系，还赋予了教学极高的灵活性。面对快速变化的行业需求和技术革新，职业院校能够迅速响应，对教学内容与结构进行灵活调整。通过增减模块、优化组合或更新内容，确保教学内容始终紧贴行业前沿，满足企业对人才的新要求。这种动态调整的能力，使得职业院校毕业生能够迅速适应市场需求，成为行业内的佼佼者。

4. 校企合作与产学结合

职业院校重视与企业的合作，通过校企合作、产学结合的形式，让学生在实际工作中进行学习、锻炼，从而增强自身的就业适应性，增强自身的竞争力。首先，校企合作为学生提供了真实的工作环境和任务挑战。在企业的直接指导下，学生能够接触到最新的行业技术、生产流程和管理模式，这些实践经验是他们在课堂上难以获得的宝贵财富。通过参与企业的实际项目，学生能够直观地理解理论知识如何应用于解决实际问题，从而加深对专业知识的理解与掌握。其次，产学结合促进了学生职业素养的全面提升。在企业环境中，学生不仅要学会专业技能，还要学会团队合作、沟通协调、时间管理等多方面的职业素养。

5. 强调职业素养和综合能力

在培养专业能力的同时，职业教育也十分重视对学生的综合能力与职业素质的培养，主要包括创新能力、团队合作能力以及交际能力等，让学生更好地适应工作场所的需要。

总之，职业院校的课程设置的基本原则应遵循实用性与职业导向性、理论与实践相结合、模块化与灵活性、校企合作与产学结合以及强调职业素养和综合能力等方面。不同特点使得职业教育课程更加符合职业发展的需求，为学生的职业发展奠定坚实的基础。

二、职业教育课程设置的主要特征

1. 职业教育与人才培养

职业教育对人才的培育起着不可忽视的重要作用，既是缓解我国劳动力市场供求矛盾的需要，又是我国创新驱动发展的重要支持力量。职业教育以系统的课程设计和实践性教学为手段，着力培养具备较强理论功底和较强动手能力的复合型人才，使其既成为产业转型升级的主要力量，又是社会创新的源头。

职业院校教学改革注重理论和实际相结合。在课程设置方面，职业院校重视通识和专业教学的均衡，扩大学生的知识面，并通过实践实习、项目式学习等方式，使学生能够在实践中加深对理论知识的了解，并能及时了解本领域的最新技术及发展动向。以实务为本的教学方法，可以缩短学生的学习过程，从而更快地融入工作岗位，更好地适应企业的需要。

在职业教育中，学生的创造力是一个重要的组成部分。在当今瞬息万变的时代，一个人的竞争能力取决于他的创造性思维与解决实际问题的能力。职业院校通过创新课程、科研项目、创业辅导等方式，对学生进行创新学习，提高其批判思考和问题解决的技能，从而使其在今后的工作中能想出一些新奇的解决办法，从而促进企业的创新与发展。

教师在职业教育中起着举足轻重的作用。“双师型”师资队伍是指在教学实践中，具备较强的专业知识、较强的实践教学能力的师资队伍。职业院校还可以通过校企合作、教师挂职锻炼等形式，让教师跟上产业发展的步伐，把最先进的知识和科技带到课堂上来，还可以用科学研究来提高教师的学术水平，以实现教学与科研的有机结合。

职业教育之所以重要还在于其能够推动社会平等，为各层次的学生创造了学习技能、自我提升和职业发展的机遇，突破了传统高校精英化的樊篱，成为社会流动性的重要渠道。职业教育是一个跨越阶级、实现个人价值的途径，也是提高社会包容性、稳定性的重要途径。

职业教育是人才培养的重要组成部分，通过以实践为本的课程设计，培养学生的创新能力，建立一支“双师型”教师队伍，并推动社会公正，既充实了高等教育的内涵，又为我国的经济建设和社会发展培养了大量的优秀人才。在经济快速发展的社会背景下，职业教育在高素质人才培养中的作用越来越突出，对其优化路径的研究具有重要的实际意义。

2. 职业教育与社会发展

职业教育既是个体成长的台阶，也是促进社会和经济发展的强有力的发动机。随着知识经济的到来，科技和技能人才在经济社会发展中所扮演的角色越来越重要，职业教育通过培养新型人才，对产业结构升级、科技创新、区域发展等社会进步的关键领域产生深远影响。

职业教育对产业结构调整和升级具有重要意义。随着科学技术的发展、经济结构的转变，高端制造业、现代服务业以及新兴行业都需要大量的专业技术人才。职业教育通过开设与各行业密切相关的专业，为社会提供了一批具有较高素质，专业基础扎实，敢于创新、踏实肯干，留得住、用得上的高技能人才，促进了产业结构的优化，增强了经济的活力和竞争力。

职业教育在我国经济社会发展中起着举足轻重的作用。职业教育重视培养学生的实际操作能力，为科学、技术创新培养大批有创造性思维和实际操作技能的人才。在企业中，各类人才可以快速地解决现实问题，推进技术创新，加速科技成果的转化，进而推动经济和社会的可持续发展。

职业教育对地区经济的协调发展起到了积极的推动作用。因职业教育具有地域性、灵活性，可以根据各地区的经济特点、行业需要，为当地经济建设提供高素质的技能人才。这既可以促进地区生产率的提高，又可以通过人才本土化配置，促进城乡和东西部之间的人力资源流动，促进地区经济平衡发展。

此外，职业教育还为实现社会公平与包容作出了积极的贡献。为贫困人口及乡村居民创造了学习技能、改善生活条件的途径，有利于缩小城乡之间的贫富差距，促进社会的和谐与安定。尤其是在当今世界各国都重视可持续发展的今天，职业教育通过对绿色技术和环境保护观念的宣传，为绿色经济的发展提供了必要的人才，促进了经济和社会的绿色发展。

职业教育是职业院校开展国际交流与合作的主渠道。职业教育的国际化战略，除了引进国外先进的教育思想与教学模式，还通过选派师生到国外进行交流，开展跨国合作，扩大了我国职业教育在国际上的影响力与竞争力。这样的开放，使职业院校可以吸收世界各地的知识，为国家和世界的经济建设提供了人才支撑。

职业教育是一种与社会发展密切相关的新型产业，在促进产业结构升级、促进科技创新、促进区域协调发展、促进社会公平、促进国际交流等方面具有至关重要的作用。提高职业教育质量，优化职业教育发展途径，是促进我国经济可持续发展，建设和谐社会的重要战略。

第二节　高等职业教育课程类型及其基本内容

一、理论课程与实践课程

1. 课程设置原则与方法

职业院校的课程设置在职业教育的教学中处于中心地位，其教学质量的高低直接影响学生的技能形成和知识掌握。所以，要优化课程体系，提高教学质量，必须遵循科学的课程设置原则，采取合适的教学手段。

课程设置应以学生为中心，尊重个体差异，倡导个性化教育。每个学生都有独特的兴趣、能力和潜力，课程设置应鼓励学生根据自己的职业兴趣和未来规划选择不同的专业方向，确保教育内容的针对性和适应性。同时，通过课程选修、模块化设计，给予学生更多自主选择的空间，激发他们的学习积极性和创新意识。

课程内容应注重实践导向，与产业需求紧密对接。高等职业教育应定期调研行业发展趋势，与企业合作，将最新的行业知识和技术融入课程中，确保学生毕业后能够迅速适应工作环境。同时，通过实习、实训、项目式学习等方式，提升学生的实践能力和解决实际问题的能力。

课程体系应强调理论与实践的结合，实现知识与技能的融合。理论课程为学生打下坚实的学科基础，而实践课程则让学生有机会将理论知识应用于实际操作中。通过这种方式，学生能够更好地理解理论，提升应用能力，形成理论指导实践、实践验证理论的良性循环。

在课程设置的方法上，通过工作坊、情景模拟法以及案例分析法等多种教学方式的灵活应用，激发了学生的学习主动性与积极性。同时，采用现代信息技术，如在线课程、虚拟实验等，可以打破时空限制，丰富教学手段，提高教学效率。

课程评价也是课程设置中不可或缺的一环。应建立多元化评价体系，既要考查学生的理论知识，又要考查其团队合作精神、创新思维以及实践能力。通过定期评价，及时发现教学中的问题，进行必要的调整和优化。

职业院校的课程设置要坚持以学生为主体，注重实践和理论相结合，采取灵活多样的教学方式，同时辅以综合评价制度，保证培养的是适应社会需要的具有竞争力的专业技术和技能人才。这提升了职业教育的总体素质，促进了人才的培养，促进了人才的全面发展。

2. 理论与实践相结合的课程设计

职业院校在课程设置上应注重理论联系实际。传统的教学方式存在理论和实践相分离的现象，这就造成了学生虽然有了一定的理论基础，却没有足够的实践经验。由于当今社会对应用型人才的要求越来越高，因此应注重培养学生的综合能力和动手能力，以适应社会的需要。

在课程设置上，要保证扎实的理论知识，为学生打下扎实的专业知识基础；它包含了对基本科目的基础理论，对专业理论进行了较深层次的讨论，使学生能够更好地了解该学科的性质及其内部的逻辑关系。在教学过程中，要注意把抽象的理论知识转变成简单易懂的例子，并以说明、探讨等方式，使学生在思索中加深对理论的认识。

由于理论教学的终极目标是服务于实际工作，所以在教学过程中进行实践性教学也是必不可少的。通过实验室操作、实地实习和项目实习，学生有机会将所学的理论运用到实践中，在实践中提升自己的创造力和解决问题的能力。在教学过程中，要保证教学内容和实践活动紧密相连，不流于形式，使学生在实际工作中加深对所学内容的理解，并根据所学内容进行反馈，及时调整自己的学习方向。

课程设计应鼓励跨学科的融合，培养学生的综合能力。这可能涉及将不同学科的理论应用于同一项目，或者将实践中的问题转化为多学科研究的议题。这样既能拓宽学生的知识视野，也能提高他们解决复杂问题的能力。

在课程实施时，教师的角色也随之改变，教师不仅要向学生传授知识，更要在学生学习中扮演合作者与引导者。教师需要具备深厚的专业知识，同时熟悉产业动态，以便将最新的行业经验融入课程，提升教学的时效性和相关性。通过引导学生进行主动学习、批判性思考，促进团队合作，培养学生的创新精神和实践能力。

在“职业教育”这一实践导向的教育体系中，理论联系实际的原则不仅是教学方法的核心，更是推动教育创新与产业升级的关键动力。它要求教育者在传授专业知识的同时，必须注重将这些知识融入实际工作场景中，让学生在模拟或真实的职业环境中学习、实践、反思，从而形成从理论到实践的闭环。首先，理论联系实际的原则促进了学习方式的深刻变革。传统教育模式往往侧重于书本知识的灌输，而这一原则则鼓励学生走出课堂，通过项目式学习、校企合作、实习实训等多种方式，将抽象概念转化为具体操作。这种“做中学”的方式，极大地激发了学生的学习兴趣和主动性，使他们在解决问题的过程中加深对理论知识的理解，同时培养了他们的批判性思维和创新能力。其次，理论联系实际的原则对于提升学生的就业竞争力具有不可估量的价值。随着社会对技能型人才需求的日益增长，那些既掌握扎实理论知识又具备较强实践能力的毕业生无疑更受企业青睐。职业教育通过“理论联系实际”的教学模式，使学生在校期间就能接触到行业前沿的技术和管理理念，积累宝贵的实践经验。

二、专业课程与通识教育

1. 专业课程的深度与广度

专业课程的深度与广度是高等职业教育课程设置的关键要素，它们共同塑造了学生的专业素质和综合能力。课程深度是指在某一专业领域内的理论知识和实践技能的深入学习，而课程广度则体现在为学生提供广泛的知识和技能基础，使其具备跨学科的视野和适应性。

高等职业教育的专业课程设置，首先注重深度，确保学生能够掌握所选专业的核心理论和实践技能。其中包括了专业基础课程，为学生打下坚实的学科基础，以及专业核心课程，深化学生对专业领域知识的理解和应用。教师需要定期修订课程内容，确保与行业同步发展，引入最新的行业标准和前沿技术，让学生始终站在技术进步的前沿。

然而，仅仅追求专业深度是不够的。在快速变化的现代社会，具有跨学科视野和能力的毕业生更受企业青睐。因此，课程的广度同样重要，它通过通识教育和选修课程，拓宽学生的知识领域，培养跨专业解决问题的能力。通识教育课程涵盖了人文社科、自然科学等多个领域，有助于提升学生的批判性思维和创新能力，使其在多元文化背景下更具竞争力。选修课程则允许学生根据兴趣和职业规划，选择不同领域的课程，形成个性化的知识结构。

为保证专业课程的深度与广度得到平衡，高等职业教育机构需要构建一个灵活、动态的课程体系。这包括实施模块化课程设计，让学生根据个人需求和兴趣选择课程模块；推行学分制，鼓励学生跨专业选课，追求更广泛的学术体验；设置交叉学科项目，让学生在实际操作中融合不同学科知识，培养综合解决问题的能力。

优质的师资队伍对于实现专业课程深度与广度的有效结合至关重要。教师需要具备深厚的学术造诣，同时具有丰富的行业经验，能够将专业理论与实际操作紧密结合，引导学生在深度学习的同时，拓宽视野，增强跨学科理解。教师还应定期参与专业培训，更新知识结构，确保教学内容与行业需求的紧密对接。

专业课程的深度与广度是高等职业教育课程设置中不可分割的两个方面。它们共同构成了一个均衡的教育框架，旨在培养既具备专业深度，又具有跨学科能力的高素质技术技能人才，以适应社会对多样化和复合型人才的需求。不断优化课程结构，强化师资队伍建设，高等职业教育可以更好地服务于社会经济发展，提升教育的国际竞争力。

2. 通识教育的意义与内容

通识教育在高等职业教育中的角色日益突出，它不仅提供了一种跨学科的知识框架，还塑造了学生的批判性思维、创新精神和人文素养。通识教育的意义在于它拓宽了学生的视野，使他们具备解决复杂问题的能力，同时是对专业教育的良好补充，帮助他们在多元化的世界中更好地适应社会和取得成功。

通识教育的内容通常包含了人文科学、社会科学、自然科学以及艺术等多个领域，旨在培养学生的全球视野和跨文化理解。它强调对人类历史、文化、价值以及自然世界的多角度探索，旨在提升学生的文化素养、批判性思维和创新能力。例如，历史课程让学生了解人类社会的发展脉络，哲学课程启发学生思考和讨论道德与伦理问题，而科学课程则为学生提供分析自然现象的工具。

通识教育也注重培养学生的沟通能力、团队合作能力以及领导力。讨论课、团队项目和演讲活动，可以培养学生的软技能，以适应未来职业生涯的挑战。

在高等职业教育中，通识教育与专业课程相辅相成，共同塑造了学生的全面素质。专业教育提供了特定职业领域的专业知识和技能，而通识教育则确保学生具备跨学科的理解力和适应性，能够在多变的就业市场中灵活应对。通过通识教育，学生能够理解他们所学专业在更广泛的社会和文化背景下的意义，从而更加深入地思考所学专业的应用和影响。

为了实现通识教育的目标，高等职业院校应设置多样化的通识课程，鼓励学生跨专业选修，并提供与专业课程相结合的跨学科项目。同时，教师应具备跨学科知识，以便将不同领域的知识融入教学，激发学生的探索精神。通过这种方式，通识教育不仅丰富了学生的知识结构，也培养了他们的创新思维，有助于他们在毕业后成为具备全球视野和专业技能的复合型人才。

通识教育在高等职业教育中的重要性不容忽视，它为学生提供了宽广的知识基础和批判性思维，强化了学生的适应性和全面素质，为他们参与全球化社会和职业生涯做好了准备。因此，高等职业院校在课程设置上应当重视通识教育与专业教育的平衡，以培养出更具竞争力的毕业生，适应未来社会的需求。

第三节　高等职业教育的课程实施与课程管理

一、职业教育课程的实施现状

现代职业教育体系的构建旨在解决传统模式中所暴露的问题，实现教育与产业的无缝对接，培养出既能适应快速变化的市场需求，又具有创新精神和实践能力的高素质技术技能人才。这一过程中，高等职业教育开始借鉴国际先进经验，寻求本土化创新，以实现教育模式的转型与升级。

现代职业教育体系强调课程设置的实践导向和创新性，促进了课程内容与产业需求的紧密贴合。课程设计不再局限于传统的理论知识，而是融入了更多的实战案例和前沿技术，确保学生能够在学习过程中积累实际操作经验，提升就业竞争力。同时，创新性课程的引入，如项目式学习、创新创业教育，旨在培养学生的创新思维和创业能力，以适应知识经济时代对人才的新要求。

师资队伍建设在现代职业教育体系中占据核心地位。为实现“双师型”教师队伍的建设，高等职业院校积极引入企业专家和工程师，通过校企合作、教师企业实践等方式，提升教师的行业经验和实践教学能力。同时，鼓励教师参与科研活动，通过学术研究提升其理论素养，使理论与实践相融合，为学生提供更高质量的教学。

质量评价体系的现代化也是现代职业教育体系的重要组成部分。它不仅关注学生的理论知识掌握程度，更重视对学生实践技能、创新思维、团队协作等综合素质的评价。引入多元化的评价工具，如过程评价、同行评价、社会评价等，能够全面反映教育过程和结果，为持续改进教育质量提供有力支撑。

现代职业教育体系旨在通过课程改革、师资队伍建设、质量评价的创新，以及国际交流的深化，推动高等职业教育从传统模式向更加适应社会需求、注重创新和质量的现代化模式转变。这一过程中，高等职业教育不仅提高了自身的教育质量，也为社会经济发展培养了大批高素质技术技能人才，从而在高等教育与劳动力市场之间架起了更为稳固的桥梁。

二、以素质为导向的高职课程模式实施的主要条件

课程实施的支撑体系是保证课程顺利进行的重要前提。课程是一种复杂的系统，其支撑体系与运作体系是其正常运作的保证。在以素质为导向的职业教育中，评价体系灵活高效、课程实施主体多元化以及教师素质高等，是建立和实施素质教育的重要保障。实施主体多元化以前，职业教育

的执行主体在“职业教育”与“工作教育”两个层面游移不定。而以素质为中心的职业教育课程的实施，必须打破职业院校、企业的局限，让更多的人参与进来，从而实现课程执行资源的整合。比如，德国“双元制”课程的实施，既是以企业为主体，又是以职业院校为主体，同时是产业与社会的结合，目的是将理论知识与实际工作相结合，提高学生的就业能力与学习动力。它以情景为基础的教学模式，为学生独立策划和实施课程搭建了一个很好的平台，教师与学生的协作学习模式为整体提高学生的综合能力创造了有利条件。另外，职业院校的课程设置与普通高校的课程有很大的区别，其中相当一部分的课程都带有很强的实用、职业化的倾向。通过各方面的积极参与，可以让产业对课程实施的引导和评价作用得到最大限度的发挥，让职业院校课程的学术性与职业性得到不同程度的结合，并将其融入社会经济发展中。

三、职业教育课程的实施与管理

1. 多元整合的立体式模块课程

多元整合的立体式模块课程，是一种旨在全面响应素质教育要求，并深度契合学生个性化发展需求的创新课程架构。它不是对传统课程体系的简单重构，而是基于对学生特殊基本特征的深刻理解与分析，精心设计的个性化、阶段性、综合化及模块化的学习路径。职业教育领域，课程模式的构建往往受到多重因素的影响，包括但不限于学校自身的办学模式、专业设置的合理性、教育理念的前瞻性，以及教育技术应用的广度与深度。面对我国国情的复杂性与多样性，职业教育课程结构的多元化与多样化成为必然趋势。单一的课程模式难以适应不同地区、不同行业、不同学生的多样化需求，因此探索并实践多元整合的课程模式显得尤为重要。“多元整合”作为一种先进的课程设计理念，其核心在于博采众长，将各种课程模式的优点进行有机融合与重组，以形成适应现代职业教育需求的全新课程模式。这一过程不仅要求教育者具备开放的心态和敏锐的洞察力，能够准确识别并吸收各种课程模式的精髓，还需要他们具备强大的创新能力和实践能力，能够将这些优点创造性地融入自己的课程设计中。通过多元整合，职业教育课程不仅能够满足学生个性化发展的需求，还能够有效提高教学质量。它使得课程内容更加贴近实际、贴近生活、贴近学生，激发学生的学习兴趣和动力；同时，它也促进了教学方法的多样化和教学手段的现代化，提高了教学的针对性。

2. 通用基础模块

通用基础模块的课程主要是必修课，主要内容有综合素质教育类、通用专业基础类（专业核心课、职业专业技能课以及职业专业基础课等）、德育体育类（心理健康、体育、思政理论课等）、公共基础类（高等数学、计算机以及英语等）的课程。不同的发展需要生源基础，可以将相同的课程划分成不同的标准，以利于因材施教。特别是在实践活动的支持下，综合运用生涯辅导、专业知识以及基础知识等方面，以一定的学科体系为基础，对学生专业知识予以深化。从横向来看，它需要紧密地围绕着价值观、态度以及情感等展开，从而涵盖了职业教育中对学生的基本素养的要求，这有助于加强学生对该专业的认识。从纵向来看，各专业课程可划分为三个层面，即“职业辅导”“专业知识”及“基本知识”，并呈现逐步递增的趋势。不管是哪个阶段的课程，都是以练习的深度为中心，以学生的相应反馈为基础，由浅而深，由泛而精。该课程体系的设置与德国“双元制”的“中心阶梯”课程体系相似，但并不局限于“核心阶梯”课程的培养，而扩展到了“专业素养”的培养。以实习为主线，将公共课程实施过程贯穿起来，可以帮助职业院校学生对自身进行客观评价，并科学地确定自己的生涯目标。比如，对刚刚进入职场的学生来说，他们的工作就是要通过参加活动课程，知道有关专业领域的就业情况与职业需求，从而明白自己的职业规划的重要意义。

3. 定位分流模块

在经过有关的职业专业技能培训之后，学生会按照自己的喜好和就业市场上的有关资料，对自己的就业、升学等方向进行灵活选择，然后定向分流地学习。在这个过程中，学生可以进一步地加强自己的文化和专业知识，也可以按照自己的喜好来选择自己的职业方向。在这个阶段，实习课所占的比重将会进一步提高。传统的教学方式是以知识之间的关联性或能力为主线来进行教学，这是由于麦克米克曾经指出："教师的工作就是传授学术性或理论性的知识，因为他们可以运用于各种情况，而实践性知识则局限于具体的情况。"萨曲威尔也曾说："职业教育的首要目的之一，就是要让学生掌握能够有效参与科技体系的知识与技巧。"拥有准确的系统模型的技术人员可以更好地了解技术系统的结构、功能和操作，能根据这种模型来考虑系统的技术人员，就会变成高级的问题解决者，这样就可以降低高昂的维护费用。所以，在以素质为导向的职业教育教学内容中，各个模块之间应该互相结合，这样才能培养出学生的可迁移性，从而实现全面素质的扩展与加深。

4. 素质拓展模块

在完成了前几个模块之后，学生对于自己未来的发展方向也有了明确的认识。这样，学生就可以自由地选择继续深造或直接参加工作，从而达到他们期望的目的。素质拓展模块的设置，主要是为了培养学生的创新思维能力，使其由技能培养上升到提高个人综合素质的层次。在教学实践中，要进行个性化与综合性的设置，既要立足于所有学生的普遍需要，又要面向不同学生的个性化需要，内容要全面、具体，不能偏重于某个方面。同时，要充分考虑到学生的个性差异，要针对不同的学生进行分层教学，使其更加符合学生的需要。只有这样，才能使学生有重点、有选择地参加实践性课程，才能更好地调动他们的积极性，不会沦为“走过场”。另外，还要注意思维原理，这就需要学生在阅读有关的理论知识和进行一定的思考之后，才能开启知识之门，从而激发他们的探索欲望，并产生对有关知识的浓厚兴趣。目前，该原理的掌握难度最大，需要教师在充分了解学生学习需求的基础上，制定有针对性的教学方法，以免打击学生学习热情。同时，在教学内容的安排上也要注意以下原则：第一，广阔性原则。知识点覆盖面要广，要开阔学生的眼界，为职业院校毕业生走上社会做好充足的铺垫，因此，这一模块的教学内容应侧重于综合素质、职业教育以及岗位能力的提高。第二，生活性原则。它需要与学生的生活紧密结合，并大胆地将过去很实际但很少被重复使用的东西融入课程中。例如，心理教育、人际交往等方面的知识，对于职业院校学生来说，是十分重要的。在实践中，我们可以采用“建构”的方式进行教学实践，并运用更为实际的语言加以说明。

5. 建构式的课程展开顺序

尽管以素质为导向的职业教育课程模式需要理论联系实际，但是，就像前文提到的，只有在职业院校认识到对某一知识的需求时，才会感觉到学习的意义。因此，为了达到建构式的课程展开顺序，应该交替地设置两大课程类型，以达到建构式的课程展开顺序，突破先文化理论课，再进行实践验证的传统运用方式。传统的运用模型存在有违奥苏贝尔的学习动机学说，无法有效地调动个人的学习兴趣，也不利于提高辅助内在动力、自我提高动力以及个人的认知内动力。从客观上说，大部分的职业院校学生都是应试教育的受害者，仅仅依靠理论知识已经很难引起他们的兴趣了，因此想要用认知内驱力来激发学生的学习动力是很难的。尽管通过赞扬在一定程度上是可以实现的，但是职业教育的目标并不在于此。与此同时，职业院校学生既无工作经历，也无实践问题，运用方式的展开顺序对于职业院校学生来说，只是一种转换后的符号，这也能说明为什么职业院校的学生对理论课提不起兴趣。

根据前文所说，“素质拓展模块”的课程实施，在某种程度上是依赖情景的，不能简单地在语言的层次上把握，只能在特定的情景下，才能将它的含义完全构建起来，所以在职业教育的教学过程中，应该围绕实际问题，逐步引导学生进行学习。当然，在某些时候，借助专业的成像仪器，也能起到一定的辅助作用，却不能取代学生的实际体验。而且，由于缺乏亲身体验，也会导致学生对知识的误解。例如，汽车发动机原理就是一种理论知识，它和汽车发动机有着密切的关系，如果学生不能对具体的工作环境有一个大概的认识，那么理论上的讲解对他们就没有任何的意义，这是由于这些知识难以用语言的表意来充分地理解。又如，汽车修理系的教师在进行火花塞讲解时，用的是一张放大的图表，让很多学生都认为真正的火花塞与图表上的火花塞一样大，但实际操作中，他们却发现自己完全看不懂。这一现象表明，工作场景中的大部分因素都很难脱离工作环境，特别是工作环境的特定结构不能用恰当的方法真实、完整地再现出来。光靠视觉图像的刺激，不能取代整体的感觉体验。因此，在以实践性为导向的高等职业教育中，现代化的教学方法只是一种辅助，而不能取代。职业教育的实践性质决定了它所涉及的学科必须通过与情境相结合的方式，才能实现对课程知识的个人价值的全面构建。这就需要学生在学习本专业的理论知识前，先了解与本专业有关的情境，以便把所学知识具象化，与特定的知识生成情境结合起来。而立体课程模型则以模块化的方式进行组合，有利于将比较独立的教学内容进行整合，从而达到理论与实践相结合的目的。在此基础上，实现了教学内容的实时更新，有利于教学手段、方法以及内容的改革。它的展开顺序改变了传统的正梯形的课程执行方式，变成了倒梯形的课程实施方式。与应用方式相比，建构式的课程开展模式的特征在于：第一，课程设计的切入点从原本的抽象、宽泛，变得具体、狭窄，而出口则从原本的具体、狭窄，变得抽象、宽泛；第二，整个课程结构呈现开放式结构，并能无限向上延展；第三，要尽可能地与学生的生活息息相关，这样才能更好地引起学生的学习兴趣。

四、职业教育课程实施与管理的效果

建构主义的基本特征是肯定学生在知识创新中的主动性，注重体验对知识生成的影响，认识到知识及其表述与实际情况的鸿沟，证明了实践在课程设置中具有无可替代的地位。尽管各学派在个体认知方面的观点存在一定差异，但去掉过分相对性、主观性因素，强调学习者与体验在学习过程中的重要性，则基本确立了课程实施的构建方式。目前，德国、澳大利亚以及北美等职业教育的实施模式，都是按照以上的构建方式展开的，而实践也表明，与应用模式相比，建构性的课程安排具有以下影响。

1. 有利于激发学生的学习兴趣

在实际生活中，人们对于实践的热爱往往超越了单纯的理论学习，这一倾向在职业教育领域尤为显著。正如美国著名教育家杜威所言：“其余大多数的人，只知道五官接触的、能够实做的事情才有趣味，书本上的趣味是没有的。”这一观点深刻地揭示了职业教育中理论与实践相结合的重要性。在职业院校中，若课程一味侧重于理论知识的传授，而忽视了实践操作与体验，则难以有效激发学生的学习兴趣。学生可能会感到枯燥乏味，甚至产生反感与厌恶情绪，进而影响学习效果与职业发展。因此，构建以实际体验为起点的课程体系，对于激发学生的学习兴趣至关重要。从实际体验出发，学生可以在实践中直观感受所学知识的应用价值，从而激发其内在的学习动力。例如，在专业课程中融入真实工作场景模拟、企业参观实习、项目式学习等元素，让学生在实践中探索、发现、解决问题，逐步构建起自己的职业认知与角色定位。此外，这种构建方式还有助于学生更好地将理论知识与实践操作相结合，促进其知识与技能的综合发展。学生在实践中不断试错、反思、总结，不仅能够加深对理论知识的理解，还能够提升其实践操作能力与问题解决能力，为其未来的职业发展奠定坚实的基础。

2. 有利于理论与实践的整合

知识的生成通常需要一定的条件和机制。例如，普通高校或其他学术性研究机构所生成的大多数知识均为理论知识，但实际工作者在特定的实践环境中产生了许多实践知识，而更高层次的实践知识则包含了科技发明人创造时遵循的技术规律。与其对实践的直接生成功能不同，它通常要求将知识生成时的情景进行还原，即“再情景化”，使之与实践有机结合。构建模型可以为这个过程提供一个比较合理的平台，通过这种方式进行教学，容易激发学生对理论知识的内部需要。同时，在学习专业理论之前，如果具备了一些感性体验，也有助于将这两种知识进行融合，从而实现个人素质的提高。

第四节　高等职业教育课程模式的改革

一、传统职业教育模式

传统职业教育模式在职业教育的早期发展中占据了主导地位。这一模式主要以短期职业大学为载体，响应了改革开放初期社会对高技能人才的迫切需求。不同院校的设立极大地弥补了高等教育体系中应用型人才培养的空白，为行业输送了大量的技能型人才。然而，这一阶段的职业教育在课程设置上往往过于偏重技能训练，理论教育相对薄弱，导致毕业生的综合素质和适应能力受到一定限制。

1985 年，我国启动了教育体制改革，职业教育被正式纳入国家教育体系，标志着传统职业教育模式的初步定型。1991 年，国务院作出《关于大力发展职业技术教育的决定》，进一步提升了职业教育的社会地位和加大了政策支持力度。这一时期，高等职业教育开始探索与产业需求的结合，初步构建了以职业能力为核心的教学内容和评价体系，为后续课程体系的改革奠定了基础。

随着 1996 年《中华人民共和国职业教育法》和 1998 年《中华人民共和国高等教育法》的出台，高等职业教育的法律地位得到了法律保障，为规范和提高教育质量提供了法制基础。这一阶段，高等职业院校的数量和规模显著增长，专业设置也日渐丰富，开始形成多层次、多类型的职业教育体系。然而，传统模式仍然存在一些问题，如课程设置与市场需求脱节、师资队伍建设不足、价值评价体系不完善等问题在一定程度上制约了高等职业教育的高质量发展。

进入21世纪，随着“三教统筹”“三改一补”政策的实施，高等职业教育开始朝着体系化、特色化方向发展。高等职业院校和职业技术学院的设立，以及对高等职业技术教育的政策推动，使得职业教育开始注重与产业的深度融合，课程设置更加注重实践性和创新性。同时，高等职业教育开始重视师资队伍的建设，鼓励教师具备行业经验和教学科研双重能力，以提高教学质量和培养符合市场需求的技能人才。

尽管传统职业教育模式在职业教育的起步阶段发挥了重要作用，但随着社会经济的快速发展和全球化进程的加速，其局限性日益凸显。因此，必须在继承和发扬其优点的同时，积极寻求创新与改革，以适应新的社会需求和教育发展趋势，这正是后续章节中将深入探讨的高等职业教育优化路径与质量提高的关键所在。

二、职业教育课程模式存在的主要问题

职业教育的课程目标具有盲目性，是作为培养目标、教育目的的一个低位概念，作为一种特定的教育价值观在课程范围内的具体表现，反映出了在教学设计、课程开发中所体现出来的教育价值。

从课程编制的观点来看，课程目标是引导整个课程制定进程的最重要的指导原则，是课程制定的出发点和归宿，是制定特定课程的指导目的。所以，课程编制应该是可操作的，也是可以被检验的，这对于课程评价、课程实施、课程结构以及课程内容等，都有着重要的指导作用。职业教育课程目标的盲目性，主要体现在：一是对职业教育的培养目标缺乏深入的

了解，特别是对职业教育在社区建设、职业培训中的作用与地位的理解不足。长期以来，我国职业教育在培养目标上存在“职业性”“高等性”的倾向，在教学实践与教学要求中，有意无意地倾向于“设计师”“工程师”乃至更高层次的人才，这就使职业教育背离了办学方向。二是目前我国毕业生的培养方式还不能很好地满足社会经济发展的需要，也不能适应新形势下的人才市场的需要，出现了结构性矛盾。尤其是一些职业院校，经常沿用本科院校的培养模式，以压缩课程的形式来完成职业教育，这与职业教育的培养目标相脱离，导致学生在毕业之后并没有掌握基础的专业技术，失去了自己的特点与优势。具体到课程目标上，就是偏离了职业教育的根本宗旨，只注重了课程知识体系与学科知识体系的完整，而对学生人格的发展、能力的培养以及素质的提高流于形式。

1. 职业教育课程结构缺乏合理性

课程结构是实现课程目标与教学效果之间的桥梁，也是实现教学活动顺利进行的基础。课程结构的研究是课程理论的一个重点，也是一个很有价值的课题。职业院校课程结构不合理的问题以下有三个方面：第一，在一类学科和专业中，所开设的专业与学科都存在着结构不合理的问题，具体表现为课程门类不全，无法开设所需的课程，也不能删去不必要的课程。另外，在结构上存在学科设置过少、设置过多等不合理的现象，课程种类繁杂，内容交叉的课程设置缺少整体性、系统性。第二，各个学科和专业课程之间缺少联系，缺少跨修、选修的灵活与选择。第三，课程设置过于死板，与“订单式”教学模式不适应，不利于“产教融合”的长期发展模式，要实现“订单式”人才培养，就必须适应时代发展的要求，适时地对专业课程予以调整。

2. 职业教育课程内容欠缺实用性

课程内容是根据教学目的对教学内容进行选取与组织的基础教材，在课程体系中，课程内容是最重要的组成部分，集中反映了课程目标。职业教育课程内容实践性不足是缺少超前意识；在目前的职业院校中，很多课程还处于知识的传授阶段，技能与知识等都已经陈旧，已经不能满足社会发展的需要，缺少实践的应用性。所学内容与职业和就业的关系并不密切，学生认为自己走上工作岗位后不能派上用场。现代科学技术飞速发展，社会发展日新月异，职业教育作为一种离不开经济发展的产业，其课程体系必然要适应社会经济发展的需要。第一，当前职业院校对课程体系的认识不足，教学内容陈旧，甚至错误百出。第二，职业院校的课程设置不够规范。例证性是指具有代表性、典型性，学习之后能使学生举一反三、触类旁通。但是，在实际教学中，很多课程的内容都缺少了范例，与现实生活的距离也不是很近。比如，国外企业管理课程，其教学内容以样例为主体，从样例中总结出规律，让学生能够举一反三。从这个角度来看，从原则上，举例说明，这是本末倒置的。而且，目前大部分的教科书都是借鉴了国外的一些例子，并不符合我国国情。第三，教学内容的可移植性不足。迁移性是指一门课程的内容在方法和原则上与其他课程的内容相联系，相互转化，相互促进。也就是说，学习一门课可以帮助学其他课。可迁移性主要体现在教学内容的基础与范畴性，以及在教学途径与方法上的创新与灵活上，反观当前的职业教育课程是欠缺的。

3. 职业教育课程思想未体现主体性

职业课程理念就是“为了实现目标，为了获得最大的综合效应，需要使用什么样的教学材料，怎样使用这些材料来帮助实现课程内容”。职业教育的课程思想没有体现出以下两方面内容：一是在选择课程内容时，没有将学生纳入其中，没有考虑到他们的特征与需要，只有一种简单的呈现形式，不符合学生的个性需要，课程教学的流程方式忽视了学生的学习。概括起来，就是不以学生为中心，不以课程为本。当前，职业学校为方便管理，在其专业设置中，自由选修的比例仅占约一半，有些甚至更少。二是课程呈现形式单调，不能引起学生的学习兴趣。学科教材的编排方式，如编辑方式与内容安排等不够生动，缺乏新意，也没有把课程变成教学形式的技术手段，教学方法枯燥、陈旧，只有教师讲授，学生听讲，现代教学手段和艺术应用不足，这使得教学显得枯燥无味，不能最大限度地激发学生的创造力与学习热情，无法让学生更好地融入课堂中。

三、职业教育课程模式出现问题的原因

1. 职业院校重成果轻应用

目前，有关职业教育课程研究的成果的确很多，有些研究报告也很长，但是基本上都是从理论走向理论，从议论走向议论，甚至是收集了很多他人的实例或意见，而没有自己的经验与见解。事实上，课程研究贵在实际操作，教改研究成果的价值在于可推广性与可应用性，如果不进行学科研究成果的推广性与应用性，就不可能从根本上解决当前职业教育所面临的诸多问题。例如，职业教育的课程研究很早以前就已经确定了要以就业为导向来开展课程建设与专业设置，而现实中，职业教育培养出来的人才与市场需要还存在很大的差距。重视结果而忽视应用，造成了职业教育教学目标的盲目性，使科研和教学成果成为职业教育的最终目的，这也是近年来职业院校一味追求规模的恶果。可以说，职业教育自身的目标不明确，这就不可避免地造成了其课程目标的盲目性。

2. 职业院校重守成轻创新

当前，我国职业教育的课程模式与体系确实面临着亟待突破的“瓶颈”。尽管外部环境存在诸多限制与挑战，但职业教育不应停滞不前，而应主动求变，积极探索适应新时代需求的改革路径。传统“分科”教学模式在职业院校中仍占据主导地位，这种模式下，课程之间往往缺乏有效的整合与衔接，导致学生知识体系的碎片化，难以形成系统性的认知和能力结构。同时，部分职业院校课程设置僵化，缺乏灵活性，未能及时响应市场变化和社会需求，影响了人才培养的质量与效率。在此背景下，职业教育课程改革虽面临重重困难，但改革之路势在必行。我们可以从课程管理、教学手段和教学方法等方面入手，逐步推进革新。在课程管理方面，可以引入更加灵活的课程调整机制，根据市场需求和学生反馈，适时调整课程设置和教学内容，确保课程体系的时效性。

3. 高等职业院校重理论轻实训

当前，职业教育的课程安排仍以理论课程为主要内容，职业院校的一个共同问题就是实习条件严重匮乏，教师缺少对学生进行各种实训环节的指导能力，所以只能将重点放在课堂教学上。在课程教学中，以教师为中心的现象仍然比较明显，课程理念不能充分体现学生的主观能动性，体现在教学内容上，则缺少真实的实例与资料，使得整个课堂十分乏味，吸引不了学生的兴趣。同时，在校外实践的开发和实践方面，职业院校并没有跟上社会的实际需要，即便是对人才培养提出了更高的要求，也缺少职业院校的支持与配合，导致许多职业院校缺乏足够的勇气和动力，认为实现双赢的校企合作仿佛遥不可及。

四、职业教育课程模式的改革

职业教育课程改革并不是一蹴而就的，而是一个复杂的系统工程，要想在改革中保持正确的方向，就需要有明确的思路、原则及目标。职业教育在实施课程改革时，要根据规范的思维来制订具体的课程方案。在此基础上，根据新课程改革的基本原理进行新一轮的课程改革。

1. 职业教育课程改革的目标

职业教育应注重培养学生的职业能力，并且职业教育的课程必然要根据不同的职业、行业领域对工作岗位的需要而设置。工人只掌握一项或多项技术，已经不能适应社会发展的需求，必须具备一项或多项职业能力，如创造能力、适应能力、竞争能力和跨职位能力等。我们国家的职业教育要顺应这种趋势，在构建课程体系时，要考虑到专业的适用性和企业的现实需要，还要把未来的发展问题摆在第一位，使学生在专业能力和理论体系上都有所储备，力求使学生的智力适合科技发展的水平，具备可持续发展的能力。高等职业院校要立足于“人”，着眼于“人”的全面发展。人的综合发展是指人的综合素质的提升。根据高等职业院校对人才的培养目标，可划分为社会活动素质目标、专业素质目标、人文素质日标、思想道德素质目标和体质素质目标。因此，高等职业院校应努力实现促进学生身心和谐发展的目标，健康的体质是其他各方面发展的基本保障。很明显，一个人要想在社会中获得充分的发展是困难的。此外，也只有良好的心理品质，才能构成一个人完整的基本素质。

从职业教育的视角来看，社会素质是一个人从事社会生活所必须具备的素质，如法制素质、科学文化素质、职业道德素质以及思想政治素质等。提高职业教育能力素质，也可以从技术素质、智力素质以及身体素质等方面展开。身体素质是一个人在工作中的身体状态，智力素质包括管理能力、社交能力以及工作技能等。人的能力与品质的全面发展，其本质在于最大限度地发挥人的潜力与创造性，这也是人的本性的一个重要表现。这个世界是多姿多彩的，而创造这个世界的人也应该有自己的长处，所以，现在的社会潮流是把教育放在了个性化与人性化上，越来越多的人意识到了个体差异存在的必要性与必然性，并促进职业教育中人的全面而自由的发展。同时，在各种现实社会生活环境中，个人可以按照自己的发展与需求，对自己的行为模式予以自由、完全的选择，这样才能更好地将自己的潜力资源充分挖掘出来，从而让自己真正意义上成为自己的主人，达到全面发展。

为适应企业需求与社会发展的快速步伐，职业教育必须更加紧密地贴合实际，以全局视角统筹考量多方需求。在当前我国全面建设小康社会的时代背景下，社会对于人力资源的需求日益迫切且多元化，这对职业院校的课程设置提出了更高要求。

第一，职业院校需精准把握社会对人才质量与数量的双重期待，不仅要关注学生专业技能的掌握程度，更要重视其综合素质的培养，确保毕业生能够迅速适应市场需求，成为推动社会经济发展的有生力量。随着市场经济的持续深化，社会经济结构与生活模式日新月异，职业教育必须紧跟时代步伐，敏锐捕捉市场动态，灵活调整课程设置。具体而言，职业教育应针对不同行业、不同岗位的特点，细化人才培养目标，定制化设计课程体系。通过引入行业前沿知识、强化实践教学环节、开展校企合作项目等措施，确保课程内容与社会需求紧密对接，有效提升学生的岗位适应能力和职业竞争力。第二，随着现代科技的飞速发展，社会的发展也在不断地变化，职业教育是国民经济发展必不可少的一个环节，其课程体系必须紧跟科技、经济发展的步伐，这就需要职业院校在课程建设上要有前瞻性，能够与时俱进，从而跟得上科技进步的步伐。只有如此，职业院校的学生才能更好地掌握并运用先进的生产工具，从而推动社会生产力的发展。第三，由于我国幅员辽阔，各个区域之间的优势产业、资源禀赋等差别较大，经济发展极不均衡，职业教育应以服务地方经济建设为主，其课程改革更要立足于对当地的经济发展状况的深入分析，并在此基础上，提出一套符合实际需求的课程体系，并能契合当地经济发展的需要。与此同时，职业教育必须适应企业的需求，在知识经济的时代，社会的分工越来越细，企业岗位数量也越来越多，职业教育课程改革也要尽可能培养多元化的人才。

今后，社会对人才的要求将从“单一型”转向“复合型”，从单一功能转向全面功能，这就意味着职业院校的课程改革要准确地掌握社会需求及科学技术的发展动向，在增强课程设置科学性的基础上，以素质教育为中心，推动课程的全面化。

2. 职业教育课程改革应遵循的原则

所谓“全面育人”就是对人进行全面的教育，从而推动人的全面发展。职业教育课程改革应遵循这一原则，其目的在于提高学生的综合素质。在职业教育的广阔舞台上，教学目标的设定已远远超越了单一专业技能的传授范畴，转而聚焦于学生综合素质的全面提升。美国学者从组织管理的独特视角出发，深刻洞察到时代变迁对人才需求模式的重塑：昔日大规模生产标准化产品的工业时代，或许需要高学历者引领管理；而今，随着经济的多元化与快速发展，每个个体都被赋予了自治的力量，这就要求每个人都应具备广泛的教育背景和综合素质。

为此，在职业教育的课程改革浪潮中，我们需要重视以下几点：第一，课程整合应成为培养学生综合素质的强有力工具。我们不仅要融合专业知识，更要巧妙融入环境保护意识、团队协作精神、公共关系处理能力、心理健康维护、人文关怀精神、诚实守信品质以及敬业精神等多元素质与能力，使学生成为既专业又全面的社会栋梁。第二，道德修养与职业教育的目标应相辅相成，不可分割。在传授职业技能的同时，我们需强化对学生品德修养的培育，将道德教育贯穿整个教学过程，以提升学生的道德水准和行为能力，确保他们不仅技能过硬，品德更加高尚。第三，隐性道德教育课程的渗透亦不容忽视。社区活动、校园文化、规章制度等隐性课程，都是培养学生道德品质的重要途径。通过这些活动，学生在潜移默化中接受道德熏陶，形成正确的价值观和道德观。

尊重主体原则在落实过程中，需要注意以下几点：一是要根据每一位学生的个性特征，适当地进行教学方法与内容的调整；二是实行学分制，充分调动学生的学习热情，推动人格发展，使不同水平的学生都能学到东西，体验到成功的喜悦，这样才能满足他们的需求，才能达到职业教育的目的；三要转变评价方法，重视过程评价，把学习的主动权还给学生，通过综合化、多元化的教学评价，满足学生多样化的需求。

（1）职业适应原则

职业适应就是为未来的可持续发展打下坚实的基础。职业适应不仅是个体发展的必需，也是整个社会发展所必需的。高等职业院校要立足于就业，培养管理、服务、生产等一线的实用人才，因此职业院校的课程改革必须立足于社会需求和市场需求，根据市场调查，对现行课程进行反馈、调整，并不断进行完善，使学生能够与企业需求和社会需求相结合，在今后的工作中具有一定的优越性。特别地，一是强调了围绕着技能的核心，将专业实习作为一条线索，加深了对实习教学的理解，并运用“工作过程体系”来组织教学内容和课程体系；二是注重学校与企业的紧密结合，以“订单”方式为毕业生提供就业的“出口”；三是要强化实践训练，强化实践训练，强化实习项目的全程监控；四是通过开展企业实践活动，提高“双师型”教师的素质；五是院校的专业设置也要立足于当地的经济发展，在充分了解各个区域的经济发展情况后，有针对性地进行符合当地经济特征的专业设置，以此来提高高职学生的就业率。

（2）综合配套原则

综合配套原则在“课程综合化”的实践中扮演着至关重要的角色，它不仅是实现“以能力为导向、以素质为本”教学理念的关键路径，也是推动职业教育实现质的飞跃不可或缺的根本条件。这一原则强调在课程体系构建与教学内容设计中，要注重各要素之间的内在联系与有机整合，以促进学生全面素质的培养和提升。此外，在课程评价中应加强与专业资格认证的有机结合，进行实地考察与社会评价。所以，职业教育的课程改革要从多个角度、全面综合地加以考虑，主要有以下因素：一要重视专业课的综合性；二要注重专门化模块之间、学科之间的整合，实现优势互补，互相开设选修课；三要注重职业教育与思想政治教育的目的相结合；四要重视对实习基地的全面开发。

3. 更新职业教育课程思想

美国劳动部的一项研究表明，美国人平均每四年到五年就会跳槽一次，25~34 岁的年轻人，平均每三年就会跳槽一次。我国也是大致如此，一代人只从事一种工作或行业的时代就要结束了。职业或职位的变动不是没有条件的，这需要跳槽的人能够适应变化的环境，并具备再提升与自学的能力，不然就会面临失业的风险。为此，要求职业院校在“授人以鱼”的同时，更要侧重于“授人以渔”，要使学生既能被动地学又能主动地学，从根本上提高学习能力。职业教育体现学生主体性的理念在课程改革和教学中得到了体现，要转变“以教为本”的教师角色。在职业教育中，由于工作任务与课程内容情景密切相关，所要解决的现实问题，常常没有一个统一的答案，所以，教师不能再以“学科权威”或“学术权威”的身份出现，而更多地扮演着指导的角色，并与学生一起探索解决现实问题的方法。与此同时，以学生为本是职业院校课程理念变革的根本，也表现在培养学生的学习兴趣、对课程的组织方式等方面。具体而言，职业教育课程理念的更新，可从以下几个方面展开。

一要积极推进行动教学、案例教学以及项目式教学。通过各种方式的学习，可以更好地激发学生的学习探究性、参与性以及积极性，从而促进学生专业技能的发展。其中，案例教学法是指利用教师精心设计的典型案例，按照教学内容与教学目标的需要，在教师指导下形成以学生为中心的教学活动，为学生创设合适的情景，从而使学生能够更好地解决实际问题。项目教学法则是指以某一项目为基础组织的一种教学活动，或是将教学活动直接安排在项目现场，师生共同参与完成结果的教学方式。

二要主动利用教学软件、多媒体以及互联网等现代教学手段，提高教学质量，增强教学效果。现代教学工具的表达能力非常强，打破了空间与时间的界限，把与课程有关的内容与课堂融为一体，并将实际的操作流程及方式予以模拟，使教学效果更好。在教学过程中，教师要结合教学任务、性质、目标以及内容等方面，适当地选用合适的教学方式，让学生获得更高的参与性与认同度，从而促进他们的自主性学习。

三要在整个课程设计和执行过程中，充分发挥企业的作用。从产业、社会需求展开调查，完成作业设计，学习情境设计、学习领域描述以及典型工作任务分析，使得各行各业的专业人士都参与到职业教育中来。通过这种学习，学生不但能获得基础的理论知识，还能得到与今后工作岗位有直接关系的职业技能与职业素养，便于将来的“零距离上岗”。为此，职业教育要与时俱进，不断适应社会的需求，让职业教育课程尤其是专业课程能够在上岗前促使学生熟练掌握专业技术，提高学生的人岗匹配度，为未来顺利上岗做好准备与铺垫。

4. 优化职业教育课程目标

职业教育课程是指为了培养学生职业技能和就业能力而设立的教育课程。其不仅涵盖了学生在学习期间所学到的专业知识，而且涵盖了学生在学习期间所从事的各项活动，更涉及了专业内容的传递过程、顺序安排等设计，其载体不仅是各类教材，还包括教学大纲、教学组织以及教学计划等相关内容，这些都是在教育教学中，也是在每一所职业院校中可以影响到受教育者的所有因素。职业教育教学目标的概念一般包括三个层次：第一个层次是整体的教学目标，职业教育是我国教育事业的一项重要内容，它的宗旨是为我国培养管理、建设以及生产等第一线的人才，提高社会人力资源素质，推动人的全面发展。第二个层次是学科的教学目标，也就是各课程在形成职业素养方面所要达到的目的。第三个层次是特定科目的教学目标。综上所述，三个层次上的课程目标之间存在密切的联系，彼此相辅相成，共同实现职业教育水平与质量的提高。优化职业教育课程目标，具体可以从以下几个方面展开。

一是为了确保新课程目标的精准与实效，职业院校需深入实施基于岗位需求与社会需求的综合、全面调查。这一过程应广泛覆盖不同行业、不同岗位，通过问卷调查、访谈交流、数据分析等多种方式，准确把握市场对人才技能、素质的具体要求及变化趋势。与企业在职人员的深入讨论中，不仅要听取他们对当前职业教育现状的反馈与建议，更要共同探讨未来职业发展的方向与挑战，从而确保课程目标的设定既具有前瞻性，又具备可操作性。这样的讨论能够直接反映行业一线的声音，为课程目标的制定提供坚实依据。此外，课程目标的制定还需遵循科学的流程与方式，避免照本宣科、简单复制本科教育模式或仅凭主观臆想。应通过专家论证、同行评审等环节，确保课程目标既符合教育规律，又能有效满足社会需求，为职业教育培训的高质量发展奠定坚实基础。

二是注重课程内容的目标建设，职业教育的课程内容不能单纯地朝着技能技术发展，还要将技能技术与人文素质相结合，从而细化为职业情感态度维度、职业知识维度以及职业技能维度，培养技能技术与人文素质并重的复合型人才。

三是从总体上对职业教育课程目标予以综合规划及整体优化，以达到职业教育目的。在构建课程体系、改革人才培养模式的同时，还应完善校内外实习条件，让更多的职业教师能够“走出去”，提高其实践与理论相结合的能力，培养符合新课程要求的“双师型”教师，构建教学资源库，通过共享联系起所有的职业院校，从而形成职业教育合力，共同为实现培养中华民族伟大复兴的高素质、高技能人才而努力奋斗。

5. 调整职业教育课程结构

要实现职业教育的目的，职业院校的课程设计既要重视专业课程，也要重视普通课程，在教学实践中要把普通课程和专业课程有机地结合起来，把实践性课程和理论性课程有机地结合起来。广义上讲，普通学科是指与学科有关的学科，它涵盖了所有学科以外的学科。这门课程的特点是多元化与综合性，它的设立是为了把专业、人文和科学相结合，也为培养具有科学精神和宽广人文视野的职业人员，但其目的不是“成才”，而是“成人”。在职业院校中，专业课程与普通课程应该处在同等位置。因此，要调整并优化职业院校的课程结构，其基本思路有：一是从企业的工作需求出发，构建符合企业工作任务和工作流程的课程，比如借鉴德国职业院校的“教学模式—教学内容—工作需求—工作目标”的思路，构建符合社会需求的课程体系；同时，不断完善课程标准，使课程设计更加合理，将通识教育融入全球化的理念中，突出科学与人文关怀，弘扬大学生的思考能力和职业素质。二是在新的课程系统中，将实践性和理论性的课程进行了分离，在空间、时间和内容上进行了整合。例如，通过“订单式”的培训和校企的协作，来解决当前职业院校的实习教学工作相对落后的现状，从而让职业院校能够根据企业和社会的实际需要，有针对性地对教学内容和课程结构进行动态的调整，使职业的人才和工作的市场有密切的关系。

6. 改革职业教育课程内容

职业教育课程内容必须秉承“能力本位”“就业导向”的理念，重视实践能力的培养与基础知识的应用，进一步突出实用性，在此基础上，把重点放在基础方法与概念上，加强知识的综合性、实用性及针对性，侧重于与工作岗位的能力要求相结合，掌握知识要点，能够发现问题并解决问题。根据课程的行为方式与表象，主流课程观将课程分为正式课程与非正式课程，其中，正式课程主要有活动课程、学科课程，而非正式课程则主要有潜在课程。正式课程是以一本课本或一门科目为基础的课程，而这门课程则是通过教室、课本的教学来实现的。非正式课程则是通过广泛开展校风校训、职业院校传统、校园文化活动、社会实践活动以及社会调查等来实现课程目标。

目前，正式课程局限于课堂、课本中，具有一定的单一、固定等特征，而非正式课程则没有明确时间、地点，可以在课堂中，也可以在校园中，更可以在校园外，具有一定的隐蔽性、分散性。改革职业教育课程内容，具体方法主要有以下几个方面。

一是职业教育课程改革应注重正式课程设置的探讨，提高正式课程的专业性与严谨性，并结合自身特点，发展符合职业教育特点的非正规课程，比如不断在校园文化建设上下功夫，形成属于职业院校的品牌与属性。

二是在对传统教学内容进行全面而深刻的改革之际，职业院校同样应当高度重视新课程的开发与设计工作，这是推动职业教育与时俱进、持续创新的关键所在。课程作为教育教学的核心载体，其本质应是一个开放性的体系。唯有保持这种开放性，才能迅速捕捉行业发展的最新动态，及时吸纳并实践教育领域的前沿理念。新课程的开发，应紧密围绕产业升级与技术革新的实际需求，确保课程内容与行业标准、岗位需求紧密对接。通过引入行业专家参与课程设计，融入真实工作场景和项目案例，使课程内容更加贴近实际，更具针对性和实用性。同时，鼓励教师运用现代信息技术手段，如虚拟仿真、在线教育等，丰富课程形式，提升教学互动性，激发学生的学习兴趣和创造力。课程设计过程中，还应注重培养学生的创新思维和实践能力。通过设置探究式、项目式等多元化教学模式，引导学生在解决问题的过程中主动学习、合作创新。同时，加强实践教学环节，为学生提供更多的实习实训机会，让学生在真实的工作环境中锻炼技能、积累经验，为未来的职业生涯奠定坚实基础。

三是要强化实践教学，构建一个与企业生产实践紧密联系的比较独立的实践教学系统，并走产学研一体化的路子，实行有导向的实践指导，让学生在灵活多样的开放式实践教学中得以提升自己的能力，如综合职业能力、专业应用能力等，并在此基础上，通过开放式实践教学让学生拥有更多的实践机会，能够在实践过程中发现自身不足并加以改进，或是发现实践问题并加以解决。

7. 教育教学改革与创新

职业教育在未来的发展中，教育教学改革与创新是提高教育质量的关键。教育模式的更新应以学生为中心，注重实践与理论的融合，以及与产业需求的紧密对接。以下是具体的改革建议。

一是推广项目导向和问题导向的教学方法。将实际工作中的案例和项目融入课程，让学生通过解决实际问题来学习和应用知识，这有助于提升学生的技能操作能力和问题解决能力。同时，这种教学方法也能鼓励创新思维，培养学生的批判性思维，以适应快速变化的就业市场。

二是加强情境模拟和虚拟现实技术在教学中的应用。利用现代信息技术，如虚拟实验室和仿真软件，为学生创造模拟真实工作环境的机会，不受实际资源限制地进行反复训练。例如，在医疗、工程等专业，学生可以在虚拟环境中进行手术模拟或设计实验，提高其操作技能。

三是深化产教融合，建立校企联合培养机制。与企业共同设计教学课程，引入企业专家参与教学，确保学生所学知识与实际工作需求相匹配。比如，企业可以提供实习岗位，让学生在真实的工作环境中学习，同时企业也能够直接参与人才的培养过程，提高毕业生的就业竞争力。在这一过程中，教师队伍的转型与建设是一个非常关键的环节，教师必须具有“双师型”的素质，也就是要兼具较强的实践能力及扎实的理论基础。职业院校应提供教师定期到企业实践的机会，鼓励教师参与产业项目，确保教学内容的时效性和实用性。同时，通过教师专业发展项目，提升教师的教学科研能力。

四是加快课程体系的国际化建设，这也是高等教育改革的必要组成部分。引入国际先进的课程，与国际接轨，如采用国际认证的标准，让学生在学习过程中接触国际通行的知识和技能。这不仅能提升学生的全球竞争力，也有助于吸引国际学生和教师，促进高等职业院校的国际化发展。

五是评价体系的改革需要转向能力导向。以学生的实际操作能力、创新思维、团队协作等软实力作为评价的重要指标，以此鼓励教师在教学中更加注重实践环节。此外，建立基于大数据的教学效果评价系统，通过收集和分析学生的学习数据，对教学效果进行实时反馈，以支持教师调整教学策略。

六是推动终身学习与继续教育。在快速变化的技术环境中，职业教育应强调终身学习的理念，为学生提供持续教育的机会，确保他们能够跟上行业发展的步伐。这可以通过开设在线课程、工作坊和研讨会，提供最新的行业知识和技术培训。

七是实现教育教学改革与创新。通过教育教学改革与创新，职业教育能够培养出更具适应性和竞争力的毕业生，满足社会对高素质技术技能人才的需求，推动我国经济的创新发展。同时，教育模式的创新也将有助于扩大我国高等职业教育的国际影响力，为其他国家和地区的教育改革提供借鉴。

第四章

高等职业教育培训模式探究

第一节　面授式培训模式

职业性是职业教育的一个鲜明特点，它体现了新时期职业教育的特征。首先，职业教育应坚持以就业为本，结合各区域产业结构调整和经济社会发展实际需要，大力发展高素质技术技能人才；其次，高等职业院校在重视学生个人素养的基础上，尤其要重视个人的发展，要把理论融入实际，提升他们的动手能力，从而使他们的工作技能得到提升。高等职业院校只有将重点放在提升学生的能力和知识上，重视他们的专业素养培养，弘扬国家工匠的精神，才能培育出德才兼备的复合型人才。

面授式培训作为最常见的职业教育培训模式之一，主要采取以理论解释为主的方式，在实践中通过整合教育资源，对学生进行面对面的专项培训。职业教育的目标应更多地体现职业教育的实践色彩，并围绕实践展开职业教育培训。从某种意义上说，职业教育培训主要用于服务当地的社会与经济，其职业属性是以就业为导向的，因此科学的实践教学对人才培养起着举足轻重的作用。在培养人才的过程中，高等职业院校要着重对实践教学活动展开合理、科学的安排，给学生提供更多的实践机会，最重要的是要和企业建立起联系，让学生参加企业的实际生产，通过实践来锻炼他们的操作能力，继而提升他们的专业素质，帮助他们更快地融入社会。

面授式培训模式作为一种较为传统和行之有效的培训方法，也叫课堂授课或实地训练。在该模式中，学生与教师（或培训者）进行面对面的交流与学习，以直接的小组讨论、角色扮演、案例分析以及教学互动等方式，实现知识与技能的传递。面授式培训模式要注意以下几点。第一，课程设置。针对培训目标与学生特征，制订教学计划，明确教学重点、难点、目标，并提出具体的教学方式与策略。第二，讲授与示范。教师通过演示、讲授等方法将知识与技巧传授给学生，并借助视频、PPT 等多媒体手段进行辅助。第三，互动部分。设置了角色扮演、案例分析、问答、讨论等互动活动，以提高学生对所学知识的理解，提升学生对所学知识的消化与转换能力。第四，实践操作。针对技术培训，设置动手实践部分，让学生在教师的引导下，通过动手实践来加深对知识的理解与掌握。第五，评价反馈。教师以专题、作业及小测验等方式，检视学生的学业成果，并依评价结果，提供有针对性的回馈及辅导。

一、课程改革更加注重标准的引导

目前，我国已形成了一套比较完整的人才培养标准，其中包括课程标准、教学标准以及专业目录等。

2012 年，教育部发布《高等职业学校专业教学标准（试行）》，第一批实行 410 个专业，并在试点过程中收到了明显效果。从 2016 年起，教育部对《职业资格考试大纲》进行了全面的修改和修订。2019 年 7 月，教育部颁布《高等职业学校专业教学标准》，共公布了 347 个专业标准，这一标准的出台，使职业教育标准和职业标准之间的融合、协调以及衔接更加紧密，并根据不同专业的需要，提出了具体的计划，从职业规划、培养目标以及修业年限等方面进行了具体的规划。职业院校在教育培训过程中，必须按照国家的专业教学规范，对人才培训计划进行更有效、科学的制订和执行，使教育内容和各个阶段的衔接更加紧密。

职业教育课程标准既反映了职业教育的职业思想，又为建设我国教育体系提供具有政策意义的依据，同时也是我国在职业教育培训方面的重大时代命题。在高等职业院校中，课程改革是健全职业教育培训计划的重心与关键，高等职业院校应该在国家标准的基础上，对课程设置予以规范化，在制定符合职业院校课程标准与培养目标的基础上，对课程内容予以细化，以此来改进教学流程，达到教育培训的目的。

二、师资队伍建设更加关注结构优化

加强社会、企业、行业、政府和高等职业院校等多方主体的协作，通过外部培训与内部培训等途径，不断优化职业教育培训教师队伍结构。要聘请社会各界的学者、专家到高等职业院校中担任专业骨干教师或专业带头人，也可以从企业中聘请高级科技人员到职业院校担任兼职教师，为学生讲授某些专业性、实践性强的课程，提高职业教育的有效性和准确性。在师资结构方面，要增加高等职业院校“双师型”师资的比重，并不断提高校外企业兼职教师所占的比重，确保不同层次的教师职称比例合理。要注意教师的年龄结构，引入高水平的青年教师，不断补充教师队伍的“新鲜血液”。与此同时，要抓住教师自身发展的内在需要，注重其自身特长的发挥，构建高层次的教师队伍，以适应职业教育培训对教师的要求。

三、人才培养质量评价机制更加科学和规范

根据教育经济学的有效性原理，高等职业院校的教学训练是评价教学质量的重要依据。因此，高等职业院校的教学评价指标应具备综合性和合理性，以更好地体现教学效果。

随着高等职业院校学生的多样化和社会化，高等职业院校与行业企业

和政府部门之间的联系越来越密切，而现有的评价方式无法适应高等职业院校多样化的需求，这就需要学生、教师、职业院校、家长、社会评价机构、行业专家、行业企业和地方政府等各方积极参与，建立科学的教学质量评价体系。在建立教学质量评价体系时，要对毕业要求、课程实施、教学过程的整体安排、课程设置和课程要求、培养目标和规范进行检验和完善。在实施人才培训方案的过程中，要将培训质量评价体系贯彻到教学工作的各个环节，并对其执行结果进行适时的回馈，从而不断地完善和修正人才培训方案。

四、“三教”改革背景下职业院校优化人才培养方案的策略

1. 全面加强组织领导，大力优化团队建设

人才培养是在党的领导下保证人才培养质量的根本，是高等职业院校贯彻党的教育方针、实现新时代人才培养目标的总体安排。具体而言，要加强党对人才培养工作的组织领导，制订科学的人才培养方案，构建“职业院校—二级学院”的两级工作体制。

在职业院校层次上，由校长办公会、学校党委定期召开有关学科教师、职能部门和二级学院负责人参加会议，研究“三教”改革下的职业教育人才培养目标。在二级学院层次上，应定期召开政府领导小组、党委会议等，对人才培训方案的执行情况予以总结，以提高教育教学质量。

此外，要培养专门用于制订人才培养方案的专业队伍，充分发挥专业成员的重要性。以更好地实施职业教育培训计划，这支专业队伍主要由学生（毕业生）、行业企业专家、骨干教师、专业带头人、二级学院院长以及职业院校领导等共同组成。在二级学院层次上，建立以二级学院、专业教师、学科带头人等为主体的职业教育培训队伍。

职业院校可以通过邀请外部专家到学校进行培训，并对其培训过程予以指导，同时还可以到其他职业院校展开交流调研，吸收先进工作做法与经验，通过“请进来”“走出去”的方法，更好地促进职业教育培训计划的制订和执行。

2. 提高思想认识，增强标准意识

职业院校应当持续深化思想观念的革新，从根本上提升对职业教育的认知高度，深刻把握职业教育培训在构建国家技能型人才体系中的核心价值与战略地位。在积极响应并深入领悟国家最新政策文件精神的同时，还应主动对接行业发展趋势，前瞻性地调整教育思路。在此基础上，职业院校需进一步强化对专业教学标准的深入学习与理解，不仅要精准掌握其核心内容与关键要素，更要能够灵活运用这些标准指导教学实践。通过组织专题研讨、教师培训等形式，确保每位教育工作者都能对其形成清晰而深刻的认识，从而在教育教学中有效落实。对于职业教育培训方案的顶层设计，应秉持系统性、前瞻性和创新性的原则，既要考虑学生全面发展的需求，又要紧密对接市场需求，确保培养出的人才既具备扎实的专业技能，又具备良好的职业素养和创新能力。在制订和实施人才培养计划和工作标准时，要注重综合统筹，强化跨学科、跨领域的合作与交流，形成协同育人的良好生态，共同推动职业教育质量的全面提高。

3. 明确培养目标，凸显职教特色

人才培养目标是职业教育培训体系的内核驱动力与鲜明特征，它不仅是界定人才标准的量尺，更是评价人才质量不可或缺的基石。其核心在于精准回答“我们应当培养何种类型的人才”这一根本问题。在精心策划人才培养计划的过程中，要合理定位培养目标。职业教育应深刻洞察学生群体的接受能力，既要有知识基础的教学，并紧密关联经济结构的动态调整、经济发展的新趋势以及地区社会的多元化需求，从而构建出既符合时代脉搏又贴近学生实际的培养目标体系。为实现这一目标，要采取分类施策的培训策略，依据不同就业岗位的具体要求与专业背景的差异性，为学生量身定制培养路径。这种分类培训不仅体现了职业教育的灵活性与针对性，更有助于学生在未来职业生涯中迅速适应岗位需求，实现个人价值与社会需求的和谐统一。此外，针对不同专业类别的学生群体，还应设计差异化的培养方案，旨在彰显职业教育的独特魅力与优势，同时高度关注学生的个性化发展需求。通过提升职业教育培训的精细化与准确性，努力为每一位学生提供最适合其成长与发展的教育资源与支持，助力他们在各自的领域内成长为高素质、高技能的专业人才。

4. 坚持能力本位，科学设置课程体系

课程体系是人才培养计划的关键与核心，职业院校围绕“以能力为中心”的理念，对课程体系展开科学的设计，在满足相关部门规定的公共基础课程要求的同时，也要结合当地的经济社会、工业发展的需要，对专业（技能）课程展开合理的设置。在对专业技能（群）的能力予以分析的基础上，对其进行质量、能力以及知识三个方面目标的科学设定，并制定相应的课程标准。与此同时，根据企业的实际工作情景与工作任务，与生产岗位需求密切联系，对课程内容予以综合优化，设置专业技能课程模块。

在立德树人的基础上，把学科建设与思政建设相结合，将中华优秀传统文化、精益求精的大国工匠精神、社会主义核心价值观等学习有机结合起来，以提高学生的职业素质。此外，将“1+X”证书的有关要求与知识，结合企业新装备、新产品、新工艺以及新技术等，整合到职业教育培训的专业课程中，使学生职业能力得到全方位的提高。

5. 健全评价改进机制，完善实施保障

第一，制订培训计划的论证机制。组织制订培训计划的论证会，广泛征求学生的建议，论证会主体可以包括学校教师、毕业生代表、校外专家学者以及行业内企业代表等。第二，引进第三方评价组织，对职业教育培训计划的执行情况进行定期追踪，并将执行情况列入“教学工作诊断和改善”的中心任务。第三，主动调动校内外各种资源，如产教融合型企业、培训基地以及实习基地等，主动与企业对接，共同制订职业教育培训计划，并利用职业院校官方网站平台，将人才培养方案向社会公开，实现校企合作。在此过程中，学生、企业和学校互相监督，构建一个包括社会、毕业生、学生、教师以及合作企业等多方参与的评价改进机制。

第二节　远程教育模式

一、改革办学管理体制

远程教育模式与职业教育培训的结合，并非简单的两者相加，而是一场深刻的教育体制变革与创新。这一融合过程要求我们在更深层次上推进职业教育体制改革，不仅需要优化课程设置与教学方法，还需要改进教育资源的分配制度，确保每位学生都能获得最适合自身发展的教育资源。在此过程中，党的坚强领导是核心，它引领着教育改革的方向，确保各项措施的有效落实。同时，我们要致力于建设一支高素质、全方位发展的教师队伍。这支队伍不仅包含深耕教育教学一线的专家，还广泛吸纳来自企业界的企业家、行业内的资深专家等多领域的精英。他们各自拥有丰富的实践经验和前瞻性的行业洞察力，能够为校园文化建设注入新的活力，为学校思想政治工作提供鲜活的案例与视角，同时在招生就业策略、教育教学改革等方面提出具有专业性、建设性的宝贵意见。构建这样的教师队伍，不仅促进了教育资源的优化配置，还增强了职业教育的实用性和针对性，使学生在校期间就能接触到最前沿的行业动态，掌握最实用的职业技能。同时，他们的多元化背景也为学生打开了更广阔的视野，提升学生的创新思维和跨领域合作的能力，为未来的职业发展奠定坚实的基础。

二、创新培养模式制订培养计划

在深入探讨远程教育与职业教育学生学历差异的基础上，我们应创新培养模式，制定并实施了更为精细化的教育评价与培训体系，旨在通过“职业技能测试+职业适应性测试”及“职业技能+文化素质”这两种定制化路径，有效促进学生的全面发展。对于传统职业院校的学生而言，“职业技能+文化素质”模式不仅强调专业技能的掌握，还注重文化素养的提升，旨在培养既有扎实技能又具备良好人文素养的复合型人才。这一模式通过增设文化课程、举办文化沙龙、引入跨学科项目等方式，让学生在掌握专业技能的同时，拓宽视野，提升综合素质。而对于远程教育生源，如新型职业农民、进城务工人员、下岗失业人员及退役军人等，我们特别设计了“职业技能测试+职业适应性测试”的双重筛选机制。首先，这一机制通过职业技能测试评价其现有技能水平，确保培训内容与其实际需求紧密对接；其次，职业适应性测试则侧重于考查学习者的学习动力、自我管理能力及对新环境的适应能力，以便为其提供更加个性化的学习支持与引导。在此基础上，我们创新性地融合“线下面授”与“线上教学”，利用远程教育的灵活性与便捷性，结合面授课程的互动性与实践性，为这些特殊群体打造灵活高效的学习平台。为进一步提升培训效率，应深入开展培训对象的学习能力与意向调研，运用大数据分析、问卷调查、访谈等多种方法，精准把握每位学生的学习特点、兴趣偏好及职业目标。基于这些数据，制定差异化的职业培训策略，如为进城务工人员群体强化基础职业技能培训、为退役军人提供创业指导与心理辅导、为新型职业农民引入现代农业技术与市场营销知识等，确保培训内容既符合个人发展需求，又紧贴社会需求变化。同时，将职业道德素养与思想政治教育贯穿职业教育的全过程，通过案例教学、情境模拟、社会实践等多种形式，引导学生树立正确的职业观念，培养良好的职业道德和社会责任感。良好的职业道德不仅是学生个人职业成功的基石，也是社会和谐稳定的重要保障。此外，为适应不同学生的多样化需求，应遵循“学制灵活、模式多元”的原则，构建弹性化的职业教育培训体系。鼓励学生根据个人情况选择全日制、半日制、周末班等多种学习模式，同时结合“实践操作”、“插班学习”及“远程教育”等多种教学形式，灵活安排学习进度与方式。特别是“实践操作”环节，学校与多家企业建立合作关系，为学生提供真实的职场环境，让他们在学中做、做中学，快速提升实践能力与创新能力。

三、加强教师队伍建设

与职业教育相比较，很多远程教育教师都是从职业院校、本科院校毕业后直接走上了教学岗位，这些教师虽然具有较好的理论知识与较高的学历，积累了大量的在线教学经验，但实践教学相对欠缺，不能满足远程教育的实际教学需求。然而，在职业教育中，许多专业教师都是从企业中走出来的，他们拥有较强的实际操作经验与动手能力。在职业教育培训中，职业院校教师和远程教育教师在教学工作中的互动、交流，可以进一步增强职业教育培训的效果。例如，可以组织远程教育教师到职业院校实习车间中进修，提高个人的实践能力，取长补短。与此同时，职业院校积极开展慕课、微课、翻转课堂以及智慧校园等信息技术教学方法，这些教学方法吸收了远程教育积累的经验，可以用于职业教育培训中。

四、学习资源共建共享

第一，根据自我学习需要和就业需求，将课程作为一个类别，对优质资源予以系统的筛选，制订一套课程方案，将微视频、案例材料以及教案等教学资源予以集成，并提供相应的课程链接和文献练习，丰富习题库实现多样化。第二，依据学生的学习时间、作业量以及测验等因素，提出一套有效、科学的评价准则，对学习资源是否满足需求予以评价。第三，实现教学资源的共享，以数字教学平台为基础，通过各种途径实现资源的共享，如各种移动通信设备（如 iPad、手机以及平板计算机等）上的 App，直接进行操作。第四，与当地政府部门、产业协会以及企业等展开合作，根据职业发展需要，创建并向公众开放的实践训练基地，既能为职业院校的广大师生提供学习机会，又能为社会服务。第五，学习资源共建共享包括反馈区、讨论区两个部分。其中，在讨论区可以开设站内私信、图片讨论、支持语音以及论坛帖文等各种方式，方便师生间、学生间、生企间的沟通交流与信息传递；在反馈区可以充分利用数字平台的数据分析优势，对资源予以动态构建，强化优质资源的更新、反馈及审核，并加以持续优化，保持学习资源平台共建共享的生命力。

五、修订人才考核方案，完善学分认证机制

在学分认证机制下，制订统一的教育学分认定方案与累积方案，并以此落实多元评价机制与弹性学习机制。此外，按照“实践操作”、“插班式”和“远程教育”三种灵活的培训模式，开设各种选修课程，包括“1+X”证书制度试点，可以获得多个职业技能等级证书，便于新型职业农民、进城务工人员、下岗失业人员以及退役军人等积累学习成果。实行从职业资格证到学分的转化，合理设定选修与必修的课程比例，并做好文凭与职业资格证的过渡。与此同时，打开认证渠道，获得全社会的认同，比如通过企业、开放教育机构以及各职业院校的合作，在数字化平台上实现统一的认证标准，从而让学分认证机制能够更好地反哺职业教育培训，让人才考核方案更具可行性与可信性。

六、传统职业教育培训与远程教育的沟通与融合

在上述分析的基础上，笔者认为，接受“远程教育”的学生，其学历背景是比较复杂的，职业院校的学生大都比较年轻，有一定的文化基础与活力，但其社会经历、实际应用能力比较缺乏，为此，可以打通两类学生之间的隔阂，以老带新、以新促老，加快理论和实践的结合，为各类职业教育学生提供有利条件。职业教育培训和现代远程教育都是通过培训以直接或间接的方式来进行的，它们可以为国家和地方的经济发展储备大量的人力资源。在我国经济转型、产业升级的背景下，需要更多的技术技能人才，职业教育培训和现代远程教育的结合，能够对职业院校的职业技能、职业素养、职业道德以及文化基础等予以全方位的提高，从而促进当地经济的高质量发展，使更多的中青年能够在各行各业施展自己的才华，实现

自己的人生价值。与此同时，职业教育培训与现代远程教育的结合，以社会需求、行业需求以及市场需求为指导，追求教育链与企业链的供需一体化和一致性，为经济社会输送一批懂实践、敢实践、能实践的技能技术人才，促进当地就业与区域经济的高质量发展。

第三节　混合式教育模式

在“互联网+”背景下，混合教学必然是今后职业教育培训发展的主要方向。混合教育相对于传统的课堂教学而言，其所具有的非线性、不确定性以及复杂性的特征，对软硬件的要求都比较高。此外，在“互联网+”的背景下，传统的单向传授、面授的课堂教学方式，已不能适应在该背景下成长起来的人才需求。目前，随着“未来职业教育”的兴起，“混合式教育模式”将传统的课堂实地学习和网上学习相结合，是今后职业教育培训的重要模式。

一、混合式教学的设计原则

对于混合式教学，不同的学者有着不同的看法，但是对以下两点，看法基本相同：第一，基于建构主义学习理论，把学生放在第一位，突出个性化学习；第二，线下教育和线上教育相结合，以信息化为主要特征。从整体上讲，混合式教学应遵循如下基本原则。

1. 坚持以学生为中心的个性化学习

职业院校混合式学习的设计，必须建立在以学生为中心的基础上，也就是必须建立在建构主义学习理论基础上。

混合式学习基于网络的学习平台，可以极大地丰富课程内容，使在线课程成为融合虚拟实验、探究任务、视频、动画以及文字等资源的系统化知识图谱，学生通过在线学习可以自主确定学习内容，自主定义学习进程，甚至可以通过网络寻求课程内容的定制服务。因此，在线课程成为开放的情境，再通过线上与线下的协作、会话，实现学习任务的有意义建构。

2. 坚持“线上自主探究+线下协作研讨”的有效融合

线上和线下的结合，是“混合式学习”区别于传统课堂教学的最大特点。在互联网的环境中，利用智能手机、平板计算机以及计算机等工具，引导学生按照自己的驱动任务与学习目标，展开自适应、个性化的学习，使他们能够自己决定自己的学习过程，并且选择自己感兴趣的课程，能够动态地自我诊断学习成果，并加以优化、调整，这是自大班授课制度之后，学习方法最大的变化。它的优点在于，学生的独立解决问题、知识构建的能力都得到了提高，同时促进了实践创新、理论学习两大核心素养的培养。然而，全面的网上教学也有其弊端，例如，学生很难集中精力于其所学内容上，从而导致学习效率低下。因此，有必要融合线下协作研讨，在教师组织下的听课和交流研讨，可以让生生间、师生间展开更深层次的互动，从而促进学生的人格与意志的形成，这也是学生成长的一种不可缺少的情感需要，同时更是理论和实践相结合的最好途径。

3. 坚持多元化融合提升学习成效

学习方法的混合，不仅是指在学习领域上的融合，也应该是一种多元化的融合追求。例如，将协作学习与自主学习相互融合，将不同学科知识内容予以融合，将线下纸笔考试与线上测评予以融合，坚持多元化融合，从而进一步提高学习成效。对“协作学习”和“自主学习”而言，在线下与在线的融合学习中，应当是共享与共生的过程，线上课程平台中的PPT、视频以及文本等资源，为学生自主学习提供了必要的知识载体，同时，由于线上课程平台具有的互动论坛等特性，使协同学习能够打破空间、时间的限制，尤其是面向个性化、大规模开放式的在线课程平台，其网络特性将使得在线协同学习逐渐成为常态。与此同时，在全新的基础教育课程改革过程中，传统的“探究式学习”、“合作学习”以及“自主学习”等，均是以“自主学习”为核心的，应当加以多元化融合。

二、混合式教学的组织模式

混合式教学兼具集体授课与网络教育两种模式的优点，其教学组织方式更为灵活，也面临着更多的不确定因素，给组织人员带来了较大挑战。按照时间轴来构建的教学模型，大体可以划分为三个时期：先行探索期、协作探究期、拓展巩固期。

1. 学生借助学习平台先行探索

在混合式教学模式下，网络学习模式可以大大提高学生的自主性，根据翻转课堂先学后教的设计思想，在学习每个新项目时，都可以在网上课程平台上进行适应性学习，它主要是以自主探究为主的学习阶段。

例如，展开职业教育培训之前，先在“博雅云课堂”学习平台上创建一个虚拟课堂，设置探究式引导题，一般为3~5个题目即可，让学生通过相关短视频来完成对职业培训内容的解读与认识。在该过程中，还要为学生提供一个可供选择的学习资源，并确定学习目标。此外，在自主学习的过程中，学生可以通过各种形式的合作交流，提高职业教育培训的效率。为了进一步检验学生的自学能力，系统还可以对学生进行在线测试，其优点是对错误及时进行反馈，具有诊断和激励作用。在这一时期，教师以帮助学生完成学习任务为主要任务，通过参考学生的学习资料来控制学习过程。

2. 师生在真实课堂中协作探究

在真实课堂中，教师的讲解，可以使学生掌握新的知识、获得新的思想。教师根据课程内容组织的小组协作式的教学活动，帮助学生表达自己的见解、提高思考的效率，用问答的方式来帮助学生深入思考，并通过教师点评、师生互评等活动，对学生展开及时的纠错与辅导。真实课堂中的协作探究，可以将传统课堂教学的优点表现得淋漓尽致，有助于将学习中的难点、重点予以聚焦，并加以集中解决，这既是对技能、知识的一种培训，也是对团队合作能力的培养，更是一种价值观、态度以及情感的感染。

3. 学生借助学习平台拓展巩固

在职业教育培训中，巩固训练是克服学生“容易忘记”的一个重要环节，为此，可以借助网络平台，提高巩固训练的有效性。一方面，网络平台上的学习资源，如 PPT、文本以及视频等，可以无限制地反复利用，这有助于学生对自己容易忘记或未能掌握的知识予以反复练习，从而加强巩固与认知；另一方面，通过网络平台，将课后训练内容与拓展性探究任务相结合，易于实现对学生学习成果的形成性评价。

三、混合式教学充分体现了建构主义学习策略

通过以上的实例和分析，我们可以看到，混合式教学是一种很好的学习方式。例如，“博雅云课堂”平台为学生提供了“学习资源超市”，这是

为构建主义学习营造的环境。同时，实际教室中的协作交流与平台的互动社群，也使学生能够自主地控制自己的学习过程，通过合作解决来驱动任务，充分发挥学生的学习创造力与积极性，进而对职业教育培训展开有意义的建构。

第一，密切关注行业发展动态，对专业进行定期的评价与调整，保证教学内容紧跟市场需要。

第二，通过与企业深入合作，及时调整专业课程的设置，保证职业教育培训内容具有实用性、前瞻性。

第三，增加实践训练的比例，加强学生在实际工作中的操作体验，提高实际应用能力。

第四，鼓励教师多参加社会实践活动，用工作经历来指导职业教育培训，提高学生的知识运用能力，或到企业中去学习，提高教师的专业知识水平，改善职业教育培训方式。

第五，通过对教师的培养、培训及其职业资格认证的培养，保证了教师在职业教育培训中能够更好地引导学生，使其更好地适应产业的需要。

第六，建立学生就业追踪制度，及时了解就业情况，并根据企业的反馈，及时对职业教育培训内容及方式予以调整，保证教学品质与社会需要密切相关。

第七，借鉴日本、德国以及美国等国家开展“产学结合”的教学模式，使学生既掌握扎实的专业知识，又有实际操作能力，全方位提升综合素质。

总而言之，职业教育培训可以有效地解决人才培养和社会需要相脱节的问题，增强学生的就业能力，为社会提供更多高素质的技术技能人才，推动职业教育培训的良性发展。

第四节　基于互联网的虚拟仿真教育模式

互联网作为一种新型的教学手段，在当今社会，尤其是职业教育培训中发挥着越来越大的作用。以互联网为基础的虚拟仿真教学模式是一种以网络为载体，把传统实践性教学转变为数字化、交互式的学习体验，以打破时间和空间的局限，提高教学的质量与效率。

虚拟仿真教育模式突出了增强交互性、沉浸式学习、跨时代学习、寓教于乐四大特点，力求营造出一种顺应时代要求，具有创新精神的学习环境。

增强交互性是虚拟仿真教育模式的一个重要特征。通过仿真实验，使学生在虚拟环境中与现实情境进行直接的交互，提高了学生的积极性和参与度。比如，可以让学生在虚拟实验室里做化学实验，而不用考虑实验过程中的安全性，并且可以不断地重复，直至完全掌握。互动不但可以提升学生的学习经验，而且可以让教师对学生的学习过程进行更精准的监控，从而达到因材施教的目的。

沉浸式学习以“身临其境”为核心，营造出一种“身临其境”的氛围，这样的经历既可以让学生更好地了解所学的知识，又可以锻炼他们的实践能力。比如，利用虚拟仿真技术构建出的工程现场环境，使学生对建筑构造有一个直观的认识，并能体会到施工过程，进而对建筑理论有一定的了解。

跨时代学习是指可以打破时间和空间的局限，使学生有机会接触到最前沿的科技，甚至可以对将来的工作环境进行学习。比如，利用虚拟仿真技术，让学生在还没有建立起来的“智慧工厂”里动手操作，使他们能够更早地适应将来的生产模式，从而为将来的工作做好充足的准备。

寓教于乐是虚拟仿真教育模式的又一特色，以游戏的方式，让学生在游戏中获得更多的乐趣，把枯燥无味的知识变成趣味盎然的课程。设置闯关任务、角色扮演等创新教学方式，既可以提高学生的学习积极性，又可以提高学生的团队合作精神与创新意识。

但是，虚拟仿真教育模式在展示了其良好发展前景的同时，也出现了许多问题。目前的虚拟仿真软件普遍存在灵活性差、操作性差以及考评制度不够公平等问题。另外，传统职业教育培训教学方法对学生的创造性思维培养有一定的局限性，培训设备和资源比较单一，而且受到场地、设备等客观条件的制约，这些都阻碍了其进一步普及。

“VR+实训”是一种新型的虚拟仿真教育模式，其目的是通过与虚拟现实相结合，增强培训的互动性与沉浸感，并对其进行评价与考核，以保证职业教育培训的公平性。通过与企业、行业的紧密结合，让职业教育培训内容与企业的实际需要保持紧密的联系，它突破了传统培训方式的限制，从而培养出符合数字时代需要的高素质、高技能人才。

近年来，我国高度重视职业教育培训，相继出台了相关政策，再加上科技手段的发展，使得虚拟仿真教学有着广阔的发展前景。职业院校应该主动适应这种变化，构建基于网络的高效、创新的虚拟仿真教学模式，为适应社会发展需要的高素质技术人才提供强有力的支撑。

一、基于互联网的虚拟仿真教育模式的基本原则

在职业院校开展虚拟仿真教学时，应遵循一系列的基本原则，这些原则既能指导教学实践，又是进行教学评价的依据。虚拟仿真教育模式的基本原则如下。

1. 增强交互性

增强交互性就是借助互联网，给学生一个与虚拟对象直接交流的机会，让学习过程变得更加生动、直观，增强学生的积极性和参与性。通过实时反馈、远程协同以及仿真实验等交互式手段，提高学生的实际操作能力。此外，通过对虚拟场景中学生的学习表现进行跟踪，从而对教学策略进行有效的调整，达到精确的教学目的。

在职业教育培训中，加强互动性是其最大的优点，既能丰富学生的学习途径，又能提高教学效率。在传统的学习方式中，学生常常是被动的接受者，而在虚拟仿真的环境中，他们能够自主地进行探究与实践，建立起自己的知识体系。教师能够通过对学生交互行为的实时监测，及时地对教学策略进行调整，从而达到个性化、动态地调节教学过程。

交互设计的核心是对现实中的作业进行模拟，使学生能够在其中完成类似现实工作情景的作业。比如，利用虚拟工具对车辆进行维修，但由于成本和安全性等方面的原因，在现实中这些都是不可能实现的。然而，在虚拟仿真教学环境中学生可以不断地进行练习，直至完全掌握该项技术。

在进行交互式虚拟仿真系统的开发过程中，要注意用户体验，并为其提供一个直观的人机接口，以便于学生学习。另外，该系统还应该提供多人合作的功能，使学员能够在虚拟的团体环境中互相交流，提高交流与合作的能力。为提升交互的真实感，虚拟场景的反馈必须符合现实的物理规

则，比如力反馈设备能够模拟现实中的阻力，以增加沉浸感。

要保证互动教学的效果，就必须建立一套公平、客观的评价指标，以反映学生交互的质量与操作的程度。该评价可以从业务流程分析、问题解决能力评价和团队合作评价三个方面进行。通过不断的监测与资料分析，老师可以随时掌握学生的学习进展情况，并及时对教学进行调整，保证学生在交互中获得进步。

在进行虚拟仿真教学时，既要加强互动性，又要注意与实际生活相结合，不能脱离实际。通过与工业企业的密切联系，在虚拟仿真训练过程中引入国际上最先进的产业规范与技术，保证培养出的人才具有与市场需求相适应的能力。另外，还需要不断地进行虚拟环境的更新，引进新的技术和方法，以满足不断变化的职业需求。

加强互动性，是高等职业院校提高虚拟仿真教学效率的重要途径。本研究借由建构高互动的虚拟作业环境，使学员能更积极地投入学习中，亲身经历更为贴近实际的作业流程，并训练其实务工作技巧及团队合作精神。要使互动教学取得理想的效果，还必须建立一个公平的评价制度，并与实际生活密切相关。在科技发展的今天，互动能力的提高将是促进职业院校改革发展的一个重要动力。

2. 沉浸式学习

沉浸式学习就是建立具有高度真实感的虚拟教学环境，让学生有身临其境的感觉，通过这种经历，可以使学生更好地了解一些抽象的概念，并能更好地了解一个复杂的体系是如何运作的，同时能帮助他们更好地理解和把握实际的运作过程。比如，利用虚拟仿真技术，使学生能够在一个安全的条件下进行复杂的外科手术，从而更好地理解人体的解剖构造，提高临床技术水平。沉浸式学习突破了传统教育在空间上的局限，使学生随时随地都能得到接近真实情景的学习经验。

沉浸式学习是职业教育培训虚拟仿真教学的一个重要环节，通过建立高逼真的虚拟学习环境，使学生有身临其境的感觉。在此基础上，本研究提出了一种新的教学方法，即在提高学生动手能力的同时，还可以更好地了解复杂系统的运行机理。

在这种情境下，学生的认知、情绪和行为都得到了充分的调动，可以从多个感知的角度获得信息，从而促进了对知识的内化和理解。譬如，医学系的同学，可以在虚拟解剖室里，仔细地观察人体构造，进行外科手术模拟，这样的切身体会，会让他们对解剖有更深刻的理解。在工程方面，学生可在不使用任何机械的情况下，进行仿真操作，了解其工作原理，从而减少学习费用，增加了安全性。

沉浸式学习不仅是对真实情景的模拟，更是一种超越现实的学习经验。借由虚拟现实与扩增现实等高科技，学生能在现实之外，探索太空漫步、深海探险，乃至未来科技的演练。多样的经历，不但拓宽了同学们的知识面，更让他们有机会去进行创造性思维，并能为将来的实际问题提供更多的帮助。

但是，要达到完全沉浸式的学习并不容易。这就要求有一个精细的虚拟场景，既要保证逼真的视听效果，又要兼顾触觉、嗅觉等感官的感受，还要兼顾情绪与心理的沉浸。另外，课程的深度与广度、学习任务的设置、学生在虚拟情境中的自主学习能力、与现实世界的联系等都是影响学生沉浸学习效果的重要因素。

沉浸式学习在虚拟仿真教学中的应用，也给教师带来了新的要求，教师在教学过程中由单纯的“传授者”，变成了“合作者”与“引导者”。教师要充分运用虚拟情境，引导学生深入探究，激发其求知、探究的欲望，并在此过程中注意学生对虚拟情境的反馈，适时地对教学策略进行调整，以保证达到教学目的。

同时，教师也应主动加强与产业和企业的协作，保证虚拟情境中的情景、任务与现实工作密切相关，才能达到最优的教学效果。这样既可以提高学生实际运用所学知识的能力，又可以帮助他们更早地适应社会。同时，通过与企业的合作，为学生提供最新的产业规范与实务案例，使课程内容不断更新与创新。

虚拟仿真教学模式最重要的价值就是让学生在学习过程中获得更多的机会，从而提高学生的动手能力、创新思维和跨领域的认知能力。通过对虚拟环境的持续优化，对教学策略进行调整，加强与实际生活的结合，使学生能够更好地融入职业教育培训之中，为社会培养出更多的技能型人才。

3. 跨时代性

跨时代性原则是指虚拟仿真教学内容要跳出现在，面向将来，使学生能够在现在的学习中预见并适应将来的技术发展与工作需要。这既包含了云计算、人工智能等前沿技术要素的引进，也包含了对未来工作情景与任务的模拟，使学生能够提前适应新的工作过程环境，减少学业向工作过程的转变。

跨时代性是职业教育培训虚拟仿真教学的一个突出特点，它打破了传统教育在时间和空间上的局限性，为培养具有高素质的应用型人才提供了强有力的支持。在职业教育培训发展的历史进程中，将虚拟仿真技术引入一个新的历史阶段，标志着由传统的“技能培训”向“以知识为核心”的转变。这种变革既要求教学内容和技术不断更新，又要求教学方式由单向传授向动态互动过渡，以适应21世纪社会对职业发展的需要。

以人工智能、大数据、云计算等为代表的新兴技术，让跨时代虚拟仿真教学成为一种新型的教育方式，通过对高科技在企业中的运用进行仿真，使学生能够更早地了解和适应企业的工作环境，以便在毕业后能更好地适应企业发展的需要。比如，在智能制造方面，通过仿真实验，让学生了解到如何将物联网技术运用到生产过程中，从而为将来在企业进行作业奠定基础。

这种跨时代性表现为：在教学内容上，既要注意现行的产业规范，又要注意对学生进行超前思考的训练。透过虚拟仿真试验，同学们能够模拟未来可能面临的挑战。例如，应用“绿色建筑”应对气候变迁，或是开发新的医疗器材。这种教学方式既能使学生对当前所学的东西有深刻的理解，又能使他们在将来遇到不确定的情况时，能更好地处理问题。

跨时代的虚拟仿真教学强调了与产业和企业的密切联系，保证了课程的内容与社会需要紧密结合。通过校企合作，企业可以直接参与课程的设计，为学生提供最新的产业资讯及实际应用案例，从而提高了教学的针对性与实用性。同时，还可以利用虚拟仿真平台，对有潜力的学生进行早期识别与培育，从而实现产学研结合的良好发展。

但是，如何进行跨时空的虚拟仿真教学，也是一个很大的挑战。如何实现虚拟现实与未来工作环境的无缝连接，如何培养学生的创造性思维与批判性思维，在日新月异的科学技术环境下，如何保证教学内容的时效性，这些都是教育工作者面临的重要课题。要实现这一目标，既要有政策指导，又要有资源整合，还要有不断创新的教育手段。

“跨时代”是职业院校“面向未来”的一项重要理念，旨在通过对现实工作情境的模拟，增强学生的前瞻能力、适应能力，并与产业紧密结合，保证课程内容的前瞻性与实用性。随着科技的发展，跨时代的虚拟仿真教学必将在职业院校发挥越来越大的作用，从而为社会培养出一批有创造力、有国际眼光的技能型人才。

4. 寓教于乐

寓教于乐原则是指在职业教育培训过程中要有趣味性、有感染力，利用角色扮演、游戏化设计等交互方式，让学习变得有趣起来，从而提高学生的学习兴趣，让学生拥有长久的学习动力。通过设计富有挑战性的任务和竞赛活动等创新性的教学方式，可以促进学生的创造性思考，提高其团队协作精神，丰富学习过程。

在职业教育培训虚拟仿真教学中，将“寓教于乐”作为一种教学手段，也是一种全新的教育观念。它巧妙地将娱乐性元素融入教育内容中，增强了学习的趣味性，增强了学生的参与感，从而提高了职业教育培训的效率。在信息化的网络环境下，“寓教于乐”的虚拟仿真教学是提高教学质量，激发学生创造性思维的一种有效途径。

“寓教于乐”的思想源于皮亚杰等教育心理学中的“建构主义”、杜威的“实践学习”等理论，强调学生通过积极的探究与实践来获取知识。虚拟仿真教学为这种思想提供了一个绝佳的实践平台，它利用游戏化、任务驱动、角色扮演等创新性的教学方法，把抽象的理论知识转变成直观的、交互式的体验，让学生在一种放松、快乐的环境中学习与成长。

比如，通过“有奖竞猜”等虚拟仿真游戏，让学生在解开一道又一道难题的同时，也能在不知不觉中习得专业技能。在“企业仿真操作”中，学生通过各种角色来进行企业经营决策的仿真，既可以培养他们的经济管理知识，又可以提高他们的团队合作与决策能力。在“创新工坊”中，学生可以自行设计、搭建、试验自己的创意作品，体会发现科学的快乐，并在实践中锻炼他们的创造性思考和解决问题的能力。

但是，要想在虚拟仿真教学中引入娱乐性的因素并不容易。首先，在游戏过程中，要对教学内容和游戏机制进行合理的整合，以保证游戏的趣味性和教育性的有机结合，避免娱乐性因素遮蔽了教育目标。其次，如何对游戏式学习中学生的进度与理解进行有效的评价是当前面临的一大难题，如何构建能够反映游戏过程与效果的评价系统，是广大教师与教育技术人员面临的重要课题。最后，要使教学内容与时俱进，满足社会发展的需要，这也是开展寓教于乐的虚拟仿真教学不可忽视的一个环节。

要达到寓教于乐的虚拟仿真教学，就必须与游戏开发企业、科技企业进行合作，通过资源共享，开发出满足教育目的的游戏化学习工具。与此同时，教师的角色也要发生变化，教师不仅是知识的传播者，还是游戏的引导者和参与者，要在游戏中把握好教学策略，调动学生的积极性，让学生在游戏中获得知识。

为了促进寓教于乐的虚拟仿真教学，政策上的支持与资源的投入也是必不可少的。通过资助、设立专项奖励和比赛等方式，鼓励教育改革。同时，教育部门要对教师进行“游戏式”教学的训练，使其在虚拟仿真教学中能更好地融合娱乐性元素。

寓教于乐的虚拟仿真教学是职业教育培训的一种重要发展趋势，它把教育和娱乐有机地融合在一起，让学习变得更加生动、有趣，有利于激发学生的学习兴趣，提高他们的学习效率。但是，如何处理好教学与娱乐之间的关系，如何设计有效的评价体系，以及如何使教学内容持续更新等，都是教育工作者在今后的教学实践中所面临的重要课题。随着科技的发展、教育观念的更新，以娱乐为主的虚拟仿真教学方式必将在职业院校中得到越来越多的应用，为将来培养出合格的技能人才提供强有力的支撑。

但是，在运用这些原则时，我们也应该注意到其中存在的问题。比如，如何构建具有趣味性的、与现实生活密切相关的虚拟情境；如何建立公平全面的评价体系来体现学生的真实学习效果；如何在有限的资源条件下，使教学内容不断更新，适应不同水平的学生。只有不断地创新、协作和研究，才能保证虚拟仿真教学的与时俱进，为培养高技能人才提供有力支持。

二、开展虚拟仿真实践教学的必要性

为了满足当前社会、经济、科技发展的需要，职业院校开展虚拟仿真实践教学具有多方面的必要性。首先，虚拟仿真教学可以突破传统训练的物理局限，为训练提供安全、经济和可重复性的培训环境，在不需要冒很大的代价和安全风险的情况下，学生可以一次又一次地进行实践，并获得成熟的经验与技术。比如，利用虚拟场景模拟灭火演习，既能规避实战演习带来的隐患，又能保证培训效果。

其次，虚拟仿真技术能够模拟现实生活中一些非常罕见的情景，为学生提供了一种在现实生活中很难碰到的情景。比如，地质勘查专业可以通过虚拟现实的矿井勘查，模拟恶劣的地质环境，锻炼学生处理复杂情况的能力。通过虚拟仿真实践，学生可以预先面对各种挑战，提高自己的适应能力。

再次，虚拟仿真技术还可以实现对学生的个性化、差别化的教学，以适应不同的学生需要。比如利用智能算法，对培训内容及难度进行动态调整，保证学生能够以最适宜的速度与难度完成学习，在此基础上进行有针对性的教学，不仅能有效地提高培训效率，而且能有效地挖掘学生的潜能。

虚拟仿真教学对培养学生的创造性思维、团队合作精神具有重要意义。在此基础上，学生可以自行设计和执行自己的试验计划，并进行创新的工程实践，从而突破传统的思维定式，进行新的探索。此外，多人协同的虚拟培训计划还能加强学生之间的交流与合作能力，这是当今社会必不可少的一项重要内容。

最后，虚拟仿真训练还有利于缩小职业教育培训与企业需要之间的差距。在此基础上，通过与企业的深入协作，实现对课程内容的实时动态更新，使学生在虚拟仿真实践教学中掌握的知识能够更加贴近实际工作。这对于提高学生的就业竞争能力，适应产业发展对高素质技术人才的需要具有重要意义。

虚拟仿真实践教学在高等职业教育中的重要性不言而喻。它不仅提供了一个安全、经济的实践平台，还能实现个性化教学，激发学生的创新精神，以及满足行业对技能型人才的需求。面对挑战，高等职业教育应继续探索和优化虚拟仿真实践教学，以期在人才培养上保持与时代的同步，为社会输送更多适应未来发展的技能人才。

三、虚拟仿真教学存在的问题

尽管虚拟仿真教学在高等职业教育中显示出其强大的潜力，但实际应用中仍存在一些问题，如果不妥善解决，可能会影响教学效果和学生的学习体验。虚拟仿真教学存在的主要问题如下。

1. 软件操作机械生硬，考核评价不够客观公正

在高等职业教育的虚拟仿真教学中，软件操作的机械生硬和考核评价体系的局限性是两个不容忽视的问题。虚拟仿真教学软件的机械操作是许多用户反映的首要问题。这类软件往往设计成遵循一系列预设的步骤，学生在使用过程中缺乏自由度和创新空间，这可能阻碍他们独立思考和解决

问题能力的培养。为改善这一情况，软件开发者应注重界面设计的友好性和操作的灵活性，使学生在操作界面的指导下进行自由探索和实验，同时提供实时反馈，以便他们能根据实际情况调整操作，培养实践中的应变能力。此外，在软件中可嵌入算法，根据学生操作的复杂度和准确性实时调整难度，以适应不同学生的学习进度。

当前的考核评价体系在虚拟仿真教学中显得不够客观公正。传统的考试和报告形式往往侧重于理论知识的掌握，而对虚拟实训中学生的实际操作技能、问题解决能力和团队协作表现关注不足。因此，教育者需要构建一个多元化的评价体系。例如，将学生的虚拟操作数据、解决问题的策略、团队协作的表现等纳入评价标准，通过大数据和 AI 技术进行量化分析，从而更全面、公正地评价学生在虚拟环境中的实际学习成果。鼓励学生在虚拟实训中进行项目展示、案例分析，甚至组织虚拟竞赛，以此来考查他们的实际应用能力和创新思维能力。

另外，虚拟仿真教学在培养创新思维方面仍有很大提升空间。虽然它为学生提供了模拟现实环境的机会，但现有软件往往过于侧重模拟现实操作，而忽视了对抽象概念的深入理解和创新性问题的解决。教育者应与课程内容提供商合作，设计更多包含创新元素和开放性问题的虚拟实训项目，鼓励学生进行批判性思考，探索不同的解决方案。同时，教师在指导学生时应更多地引导他们思考问题的本质而不仅仅是为了完成学习任务。

实训设备和资源的单一性也是制约虚拟仿真教学质量的因素之一。不同的专业和课程需要不同类型的仿真环境，而目前的资源往往无法满足这种多样化的教学需求。教育机构应与企业、研究机构联手，共同开发和共享不同领域的虚拟仿真资源库，同时鼓励开放式教育资源的创新与应用，以满足不同层次和专业的需求。

由于受场地、设备和技术条件的限制，其一定程度上导致了教育资源的不均衡。教育政策的调整至关重要，通过提供更多的资金支持和技术援助，确保所有职业院校，特别是那些不具备先进硬件设备的职业院校，也能享受到高质量的虚拟仿真教学。包括设立专项基金，帮助职业院校升级硬件设施，或者提供远程教育平台，让偏远地区的学生能够接入优质的虚拟实训资源。

为克服这些问题，教育者、技术开发者和政策制定者应当共同努力，开发更加人性化的虚拟仿真软件，设计更加全面的评价体系，丰富实训资源，改善技术条件，并结合实际操作培养学生的实践能力。同时，政策导向要进一步优化，通过公平的资源配置，消除虚拟仿真教学的地域差异，确保所有学生都能在这一创新教学模式中受益。只有这样，虚拟仿真教学才能在高等职业教育中发挥最大潜力，为社会培养更多具有创新能力和实践技能的人才。

2. 传统实训教学手段不利于学生兴趣和创新思维培养

在高等职业教育的实践中，传统的实训教学手段往往以教师为中心，教师只重视传授知识，却忽略了学生的积极参与，没有培养学生的创造力。这种教学模式常采取线性、单向的方式，学生在实训过程中缺乏探索空间，很难激发其内在的学习兴趣和创新精神。随着科技的快速发展和教育理念的革新，传统实训教学手段的局限性日益凸显，迫切需要引入虚拟仿真教学以优化实践教学体系。

传统实训教学往往以实际操作为主，但受限于场地、设备和安全等因素，许多实训项目无法在现实中实现。例如，在化工、电力等高危行业，学生在真实环境中进行实训不仅成本高昂，而且可能存在安全隐患。而虚拟仿真技术能模拟真实操作环境，学生可以在安全的环境中反复练习，降低风险，同时节省了实体设备和耗材的高昂成本。此外，由于不受现实环境的约束，能够模拟各种极端或罕见的情景，给学生提供了多种实训的机会。

传统实训教学中，教师通常按照既定的教学计划指导学生，这种教学方式可能导致学生在面对实际问题时依赖性过强，不利于创新思维的培养。虚拟仿真实训则鼓励学生自主探索，通过设定不同难度的任务和挑战，激发他们独立思考和解决问题的能力。例如，在虚拟的建筑设计环境中，学生可以根据自己的构思去设计建筑，通过反复试验和修改，培养创新设计能力。

再者，传统实训教学中，学生之间往往缺乏有效的合作与交流。虚拟仿真教学可以支持多人协作，通过团队项目，学生可以学习如何与他人合作，共同解决问题，这对于提升团队协作能力和沟通技巧至关重要。同时，虚拟环境的实时反馈机制，有助于教师及时了解学生的协作过程，为个性化指导提供依据。

然而，传统实训教学手段的弊端并不意味着其完全无用，它们在培养学生基本技能和操作规范方面仍具有不可替代的作用。因此，虚拟仿真教学应与传统实训教学相结合，形成互补，以增强教学效果。例如，可以采用“混合式学习”模式，让学生在完成基础操作训练后，通过虚拟仿真教学进行深化实践和创新探索。

传统实训教学手段在促进学生兴趣和创新思维培养方面存在诸多局限。虚拟仿真教学却以其高度的互动性和沉浸式学习环境，为学生提供了更为广阔的学习空间，有助于激发学生的学习兴趣，培养创新思维，也提高了实践教学的效率和质量。因此，在未来，高等教育机构应积极推动虚拟仿真技术在实践教学中的应用，以适应新的教育需求，培养出更能适应社会发展的技能型人才。

3. 设备数量少，实践教学资源形式单一

高等职业教育在推动国家发展战略，尤其是在技能型人才培养和产业转型升级中扮演着关键角色。然而，当前的实践教学环节仍面临一些挑战，特别是在虚拟仿真教育方面，设备数量少和实践教学资源形式单一成为制约其全面发展的“瓶颈”。因此，优化实践教学体系，丰富虚拟仿真教学资源，显得尤为迫切。

在硬件设施方面，高等职业院校普遍反映，虚拟仿真实训设备不足，无法满足所有学生同时进行实践操作的需求。这不仅限制了学生实践操作的频次，也影响了他们技能的熟练度和创新能力的培养。此外，设备更新换代速度慢，难以跟上行业技术的快速发展，使得学生在毕业后可能面临技能过时的问题。因此，相关教育部门和院校应加大投入，引入更多先进的虚拟仿真设备，同时建立设备更新机制，确保软硬件设施与行业标准同步。

另外，教学资源的单一性也是当前虚拟仿真教学面临的一大问题。现有的虚拟仿真课程往往局限于某一特定领域或技能，缺乏跨学科、跨领域的综合性训练，这不利于培养学生的综合素质和解决复杂问题的能力。为了解决这一问题，教育机构应与行业企业紧密合作，引入真实的工作场景和项目，提供多元化的实践内容，比如跨专业的综合性实训项目，让学生在解决实际问题中锻炼综合技能。

与此同时，教学资源的形式也相对单一，多以固定的模拟操作为主，缺乏动态更新和实时互动的元素。这不仅可能导致学生在学习过程中感到枯燥，还可能影响他们对知识的深入理解和灵活应用。教育者应尝试将游戏化、故事化等元素融入虚拟仿真教学中，设计更具挑战性和趣味性的实训任务，激发学生的学习兴趣和探索精神。

对于虚拟仿真教学的评价机制，也需要进一步完善。目前的考核方式多侧重于操作的准确性，而对学生在虚拟环境中解决问题的能力、创新思维能力的培养、团队协作的成效等方面的关注不足。引入多维度、过程性的评价体系，结合数据分析，全面评价学生的实践表现，是提高虚拟仿真教学质量的必要手段。

高等职业院校应积极推动“VR+实训”的虚拟仿真实践教学体系的建设，通过与企业、研究机构的深度合作，共同研发和共享虚拟仿真资源，同时充分利用政府的支持政策，如《关于加快推进现代职业教育体系建设改革重点任务的通知》中的职业教育示范性虚拟仿真实训基地建设项目，以期在未来几年内建立起覆盖各专业领域的丰富实训资源库。

同时，院校应定期组织教师培训，提升他们运用虚拟仿真教学的能力，掌握最新的教学方法和技术，以更好地实现教学目标。教师在教学过程中，不仅要关注操作技能的传授，还要引导学生从实践中学到解决问题的策略，培养他们的创新思维和批判性思考。

解决高等职业教育虚拟仿真教学中设备数量少、资源形式单一的问题，需要政策引导、硬件投入、资源开发、教学方法创新和评价体系改革多方面的协调推进。只有这样，才能充分发挥虚拟仿真教学的优势，培养出符合现代产业需求的高技能人才，为国家发展战略的实施提供强有力的人力资源保障。

4. 实训教学与社会生产实际脱节

实训教学与社会生产实际脱节是高等职业教育中虚拟仿真教学面临的一个重要挑战。尽管虚拟仿真技术为学生提供了模拟真实工作环境的机会，但如何确保差异化模拟环境与实际生产环境保持一致，以及如何使学生在虚拟实训中获得的技能无缝对接到实际工作中，是当前亟待解决的问题。

虚拟仿真实训通常基于现有的技术标准和行业规范，而有效的操作规范往往会随着科技的快速发展而及时更新。因此，虚拟实训环境往往存在滞后性，无法及时反映最新的生产工艺和设备。为了缩小这一差距，教育机构需要与行业紧密合作，定期更新虚拟仿真软件，确保其内容与实际工业环境保持同步。例如，与企业共同开发实训模块，使用最新的 CAD、CAM 软件，或模拟最新的机器人操作技术，让学生在学习过程中接触前沿科技。

虚拟实训往往缺乏真实环境中的物理反馈，如触感、噪声和振动等感官体验是理解复杂系统和操作过程的关键。虽然一些高级的虚拟现实设备已经能够提供部分的触觉反馈，但要实现全面的沉浸式体验，仍需要技术的进一步突破。教育者可以探索与物理实训相结合的方式，如在虚拟环境中模拟操作，然后在现实环境中进行微调和实践，以弥合感知上的鸿沟。

再者，虚拟实训往往以任务为导向，学生在完成任务的过程中可能忽视了对实际生产流程的整体理解和对突发事件的应对。因此，教学设计应强调流程的连贯性和问题解决的策略，让学生在完成虚拟项目时，能理解其在整个生产链中的位置和作用。同时，设置一些突发事件或挑战，训练学生在压力下的决策能力。

另外，虚拟实训可能过于理想化，忽视了实际生产中的复杂性和不确定性。在真实环境中，生产流程可能受到许多不可预见因素的影响，如设备故障、原材料质量问题等。教育者应设计包含多种因素的虚拟实训项目，让学生在实际生产流程中提升应对复杂问题的能力。

解决实训教学与社会生产实际脱节的问题，不仅需要技术上的突破，更需要教育理念的更新。教育者应将真实世界的复杂性和不确定性引入虚拟实训，让学生在虚拟环境中体验并解决实际生产中可能遇到的问题。同时，政策制定者和教育部门应鼓励校企合作，引导企业参与虚拟实训的开发，形成产教融合的实训模式。只有这样，高等职业教育的虚拟仿真教学才能真正提升学生的职业技能，使他们在毕业后能够无缝对接到实际工作中，为社会的经济发展贡献力量。

5. 实训教学受场地、设备、资金、环境、安全等条件制约

在高等职业教育中，实训教学的实施面临着一系列实际的制约因素，这对教学效果和学生的学习体验产生了直接的影响。首先，实训场地的限制是首要问题，许多职业院校受制于物理空间的局限，无法提供足够的场地来搭建多样的实训环境，这限制了学生实践操作的多样性和全面性。然而，虚拟仿真技术能够在这方面发挥关键作用，通过构建虚拟空间，提供无限的实训场景，使得学生可以在不受物理空间限制的环境中进行实践学习。

设备不足和更新滞后是另一个挑战。高端的实训设备通常价格昂贵，且需要定期维护和升级，这在资金有限的教育机构中是一大负担。虚拟仿真技术则可以通过软件模拟，以较低的成本提供多种设备的模拟操作，使得学生有机会接触和练习到行业前沿的设备操作，而无须实际拥有相关前沿设备。

资金问题也是制约实训教学的重要因素。虚拟仿真实训系统的开发、维护以及相关软硬件的购置都需要大量投入，而许多教育机构在预算上往往捉襟见肘。这不仅影响了虚拟仿真教学的规模，也限制了其内容的丰富度和更新速度。政府和企业应增加对高等职业教育虚拟仿真教学的财政支持，以推动其发展。

实训环境的构建和管理也是一个不可忽视的问题。真实场景中的实训环境往往受到环境保护、安全法规等多方面的限制，而虚拟仿真技术可以提供一个模拟的、可控制的环境，让学生在安全、无污染的环境中进行实践。然而，如何确保模拟环境的真实性和有效性，使其能够准确反映实际工作环境，是教育者和开发者需要不断研究和改进的方向。

另外，安全问题同样是实训教学中的重要考虑。在某些高风险专业中，如化工、电力行业，实际操作中的安全风险较高。虚拟仿真技术可以为学生提供一个安全的试验田，让他们在模拟环境中尝试和学习，降低实际操作中的安全风险。

教育政策应鼓励和支持虚拟仿真实训技术在职业教育中的应用，通过政策引导和资金扶持，帮助职业院校改善实训条件。同时，校企合作是关键，企业可以提供最新的设备和技术信息，帮助职业院校建设和更新虚拟实训环境。此外，教育者需要不断探索和优化教学方法，确保虚拟仿真教学的有效性，使其真正成为提高教学质量，培养符合社会需求技能人才的有力工具。

为了解决上述问题，教育机构和研究者需要不断探索和创新，包括开发更人性化的虚拟仿真软件，设计更公正的评价体系，增加创新性任务，丰富实训资源，以及改善技术条件。同时，政策制定者需加大投入，确保虚拟仿真教学在不同地区和高等职业院校中的普及，以克服地域和技术的限制。只有通过持续优化，虚拟仿真教学才能充分发挥其在高等职业教育中的作用，有效培养符合社会需求的技能型人才。

四、实践教学体系构建的思路

构建高等职业教育的虚拟仿真实践教学体系，首先需要以增强交互性为核心，以提高学生在虚拟环境中的参与度和沉浸感。通过引入人工智能、大数据分析等技术，实现个性化的学习路径，让学生在与虚拟环境的互动中，根据自身需求和理解程度调整学习进度。同时，利用虚拟现实的沉浸式特质，模拟真实工作场景，使学生在接近实际的环境中学习和训练，提升技能应用能力。

跨时代性是虚拟仿真教学体系的重要特点。应当结合5G、云计算等新兴技术，打造云端的虚拟实训平台，实现资源共享，使得学生无论身处何处，都能参与优质的实训。同时，通过与行业动态紧密结合，定期更新虚拟实训内容，确保教育内容紧跟时代步伐，符合行业最新需求。寓教于乐的原则同样不容忽视。通过游戏化设计，将实践教学转化为一系列挑战和任务，让学生在解决问题的过程中习得知识，培养创新思维能力和团队协作能力。同时，引入竞争与合作机制，激发学生的学习动力，使他们在快乐轻松的氛围中学习，提高学习效率。

要想解决现有问题，需要一个公平性的评价机制和打破实训手段对创新思维培养的局限，更需要创新考核方式。除了传统的操作准确率，还应考虑学生的创新方案、问题解决策略以及团队协作的表现，通过构建多元化的评价体系，真实反映学生在虚拟环境中的成长。

教学资源的单一化问题可以通过开放教育资源，鼓励教师间的内容共享与创新，同时与企业合作，引入真实的项目案例，让学生在模拟的环境中处理实际问题。此外，通过设立创新实验室，鼓励学生自主设计和开展虚拟实训项目，培养他们的创新精神和实践能力。

场地、设备的局限可以通过虚拟现实技术的进一步发展来克服。构建更加真实的虚拟环境，模拟各种实训条件，让学生在虚拟实验中获得与真实环境几乎一致的体验。同时，通过与企业合作，共享先进设备的虚拟镜像，降低实训成本，扩大实训范围。

在实施“VR+实训”的虚拟仿真实践教学体系时，应以国家职业教育政策为指导，积极申报并参与国家级和省级示范性虚拟仿真实训基地的建设。通过政策引导，优化资源配置，确保虚拟仿真教学的可持续发展。此外，定期组织教师培训，提升教师对虚拟仿真技术的驾驭能力，以确保教学的高质量实施。

在教学体系构建的实践中，应持续关注技术发展，如混合现实、数字孪生等，不断引入新的教学手段，以满足不断变化的教育需求。同时，与科研机构合作，共同研发和升级虚拟仿真教学软件，确保内容的前沿性和实用性。

构建高等职业教育的虚拟仿真实践教学体系，需要在增强交互性、跨时代性、寓教于乐的原则下，解决现有问题，丰富教学资源，打破场地设备限制，并充分利用政策支持与技术创新，以培养出适应未来社会需求的技能型人才。

五、构建“VR+实训”虚拟仿真实践教学体系实践应用

《高等职业教育的虚拟仿真教学》对“VR+实训”的必要性和存在的问题进行了论述，并提出了今后建设的设想。在本节中，笔者对“建构主义”教学模式在实际中的运用进行了深入的研究，并以实例与策略说明该模式的有效性与可行性。

近年来，职业教育培训在职业教育中的实际运用已经取得了长足的进展。比如，新力公司开发的“炼油厂常减压车间自控系统虚拟仿真试验”就是一个很好的例子，它可以使学生在安全的条件下，了解到复杂的控制系统的工作机理。同时，本项目还将开展“隧道开挖与支护受力计算虚拟

仿真试验”，使地质勘查专业的学生能够在虚拟矿井中开展工作，并模拟各种地质情况，提升学生在复杂环境下的解题能力。例如，“热泵特性与空调机组特性虚拟仿真实验平台”，让建筑环境专业的学生通过仿真技术了解热泵系统的操作过程，从而提高学生的动手能力。

2023年，教育部印发《关于加快推进现代职业教育体系建设改革重点任务的通知》，提出“构建职业教育虚拟实训基地”是今后一段时期工作的重中之重。这表明了国家对虚拟仿真培训的高度重视，今后将会有越来越多的职业院校加大资金，构建符合实际教学需要的虚拟仿真环境。到2025年，规划建设的国家、省级示范虚拟仿真训练基地，将为学生提供大量的训练内容，让他们了解最新的技术，开展跨专业、跨领域的综合训练。

职业院校要加强与企业的协作，使虚拟仿真培训的内容紧跟产业发展的需要，如南昌建立了国家职业教育“虚拟仿真”示范培训基地。根据相关数据，我国很多职业院校都建成了“智慧课堂”“虚拟仿真”实验教学中心，通过运用虚拟现实、增强现实等手段，提高了实践教学的质量，为广大师生提供了大量的学习资源。教育部从项目申报、建设任务、监测指标、时限等方面对其进行评价。这样，对该基地的建造和运行有一个清晰的方向，从而保证了该项目的顺利进行，并不断改善。在此基础上，提出了一种基于“过程评价”的方法。

职业院校“VR+实训”课程体系的建立，使其具有广阔的应用前景，不但为学生提供了一个安全、经济的实习平台，而且可以做到因材施教，充分发挥学生的创造力，从而适应工业社会对技能人才的需要。随着科技的发展以及国家政策的导向，虚拟仿真教学必将在今后的职业教育培训中发挥越来越大的作用。

第五章

高等职业教育培训的实践策略

第一节　职业教育培训的组织与管理

职业教育培训是高等职业院校教师成长和发展的重要途径，必须在高职教师培训的整体框架中进行分析和讨论。应树立职业教育培训是高等职业院校“双师型”教师培训中不可分割的组成部分的理念，从而构建科学、合理且可行的职业教育培训框架。在实施高等职业院校“双师型”教师职业教育培训过程中，每位教师，特别是中青年教师必须了解自身的实际情况，并结合高等职业院校的需求进行自我目标定位。这种自我定位能够为培训工作提供共同的具体目标和明确的方向。高等职业院校“双师型”教师培训主要包括三种形式：高等职业院校的脱产培训、培训基地的培训以及企业挂职锻炼。这些形式主要局限于脱产学习。科学合理地确定职业教育培训在高等职业院校“双师型”教师培训中的地位，对于构建一个有机的职业教育培训体系至关重要。只有这样，才能确保职业教育培训在高职教师培训中发挥应有的作用，满足高等职业院校教师职业发展的需求。

一方面，高等职业院校的脱产培训通常与高等职业院校、课堂、教师的实际工作情境和教学生活相脱离，这在一定程度上容易导致理论与实践的分离。此外，高等职业院校往往利用假期和节假日等业余时间派教师到重点职教师资培训基地进修，进行补偿性教育。然而，这些培训基地大多设在中小型高等职业院校和传统高等职业院校，教学内容缺乏针对性，难以与高等职业院校和教师的实际需求相结合，导致教师在培训中学到的知识和技能难以应用到实际教学中。另一方面，派教师到企业挂职锻炼需要校企之间的互动，但企业往往无法积极配合，受限于客观条件，难以达到预期效果。因此，尽管企业挂职锻炼是一种理想的培训形式，但其实施效果受到多方面因素的制约，难以充分发挥其应有的作用。

近年来“产学研”结合教育模式在高等职业院校备受欢迎。高等职业院校的“产学研”模式与高等学校有所不同。高等学校的“产学研”更侧重于教学与生产、高新技术的研究和开发的结合，而高等职业院校的“产学研”则更关注教学与生产、新科学、新技术、新工艺的嫁接、转化、推广和应用。许多高等职业院校仍在探索这种教育模式，缺乏成熟经验，使“双师型”教师培训的步伐有所减缓。

职业教育培训的显著价值在于重新评价任职高等职业院校对于教师发展的重要性，强调教师立足于任教高等职业院校，积极参与教、学、研一体化的过程，持续解决教育和教学实践中的问题。尽管职业教育培训是高等职业院校“双师型”教师培训中最具价值、值得提倡和推广的一种方式，但其合理性并不意味着唯一性，其优越性也并不意味着至上性。职业教育培训并不能代替大学或其他师资培训途径的作用，只是从另一种视角探寻高职“双师型”教师培训的方向，增加师资培训的职能，挖掘高等职业院校师资培训的内在资源，促使高等职业院校师资培训更加科学、有效。

职业教育培训因其培训时间的全程性、对象的全员性和开展的日常性，得到教育研究者的肯定，受到广大高等职业院校和教师的欢迎，应坚持开展和逐步完善。然而，高等院校和其他教育机构由于信息资源和师资优势，能够满足不同教师在不同水平上的培训或深造需求，这种培训途径也是不能随意放弃或刻意排斥的。因此，不能在职业教育培训和其他培训途径之间进行简单化的非此即彼的选择。那种认为院校培训为“高层次”的正规培训，而贬斥职业教育培训的观念是僵化守旧的；坚持只有通过“产学研”模式才能培训“双师型”教师的想法是不切实际的；摒弃其他培训途径，一味夸大职业教育培训价值，对其实施效果过于乐观的态度，则是轻率和盲目肤浅的。事实上，职业教育培训因其在时间、对象和日常性方面的优势，已经被广泛认可和欢迎。职业教育培训强调教师在任教高等职业院校的实践中，主动参与教、学、研一体化，解决教学实践中的实际问题。这种培训方式从另一个角度挖掘高职师资培训的内在资源，推动高职师资培训更加科学、有效地发展。同时，高等院校和其他教育机构的培训途径由于其信息资源和师资力量的优势，仍然是不可替代的。

一、立足高等职业院校师资实际，确定培训目标

高等职业院校职业教育培训的总体目标是建立一支具备现代教育理念、掌握最新学科知识和现代化教学手段、拥有高水平教育教学和科研能力的“双师型”教师队伍。这些教师不仅要有全新的教育理念、完善的知识结构和娴熟的技术能力，还要富有创造精神。在职业教育培训过程中，教师需要对自己的职业价值有强烈的认同感，树立以人为本的教育观，尊重并珍爱自己的教育对象，成为具有“人文型”素质的教师。通过职业教育培训，高等职业院校教师应提高专业知识、教育教学技能以及职业指导能力，使自己真正成为“双师型”教师。然而，“双师型”教师并不是终点，职业教育培训还应围绕培养教师创新能力的目标，将教师塑造成有创新思维意识和创新教学方法的“反思型”教师。具体来说，就是要更新“三种理念”，提升“四种能力”。

更新“三种理念”包括：第一，高等职业院校教师要培养对职业教育的感情，视职业教育为自己孜孜以求的事业，而不仅仅是谋生手段。第二，培训过程应以人为本、以能力为本、以发展为本。教师应了解、尊重、珍爱并解放教育对象，突出教师的主体地位和创造精神，注重能力培养，支持教师个性发展，充分考虑教师的差异性，根据教师的不同需要和能力水平，选择不同的培训内容和方法，促进教师的专业发展。第三，树立终身学习、终身培训的理念。这是信息社会和知识经济时代的必然要求，也是建立学习型社会的基础。

提升“四种能力”包括：第一，科研能力。高等职业院校的一大特点是产、学、研结合，教师应具备将技术转化为生产力的科研能力，同时具备教育科研的能力。第二，专业技术能力。教师应掌握所教专业的高新技术知识和操作技能，实现理论与实际的紧密结合。第三，教学能力。教师应掌握多媒体教学方法及适应新教学方法，在有限的教学时间内提高新知识、新技术和新信息的传授能力。第四，人际沟通能力。随着电脑的普及和网络技术的推广应用，人际的地域和时空距离被缩短，人们的视野扩大，思辨能力提高，对教师与同事、学生、家长之间的沟通能力和技巧也提出了更高的要求。

围绕这一目标，各高等职业院校应确立“引进人才、培养骨干、优化队伍、提高素质”的师资队伍建设指导思路。每个高等职业院校还需根据自身情况建立职业教育培训总目标，并对教师进行分层次、分类别的具体分解。教师的起点不同，要求也不一样，因此所设计的培训目标也应与之对应。根据“双师型”教师成长的阶段性规律和培训工作的循序渐进原则，应以学期为单位制定“双师型”教师培训目标。系统培训目标包括思想素质、教育教学能力和知识水平三个方面；高等职业院校还应根据具体情况制定分类目标，并在每个学期开学前概括总目标，制订高等职业院校培训计划方案。通过这样的职业教育培训体系，高等职业院校才可以确保教师不仅具备专业知识和技能，还能在教学、科研和生产中有机结合，提高教育教学质量，促进高等职业院校的发展。职业教育培训的创新和发展将为教师提供更广阔的成长空间，使他们能够在实际教学中不断改进和提高，实现个人职业价值与教育目标的统一。

二、建立高等职业院校“双师型”教师职业教育培训的支持系统

高等职业院校“双师型”教师的职业教育培训是教师继续教育的重要组成部分，属于终身教育范畴，是一项复杂而新兴的系统工程。要使其顺利、有效地运行，需要在政策、制度以及资源上予以全面支持。从国家政策层面上来看，必须高度重视职业教育培训，并完善相应的政策法规。尽管我国非常重视职业教育师资队伍建设，但由于近年来高等职业教育在大规模扩招后迅速发展，其兼具高等教育和职业教育的双重属性，高等职业院校的师资队伍建设和继续教育法规还零散地散布在中小学和高等职业院校教师继续教育的相关法规中，专门针对高职教师继续教育的法规体系还不完善。从时代发展要求来看，加强高等职业院校教师培训，尤其是职业教育培训，既是社会与经济发展引发的教育变革所提出的要求，也是终身教育思想、教师教育一体化以及教师专业化理念的必然反映，更是我国发展高等职业教育的迫切需求和关键保障。近年来，高职教师的需求已经从提高学历转向发展自身和改进教学方法上。职业教育培训作为完成全员培训任务的重要途径，政府在政策导向上已经明确了职业教育培训的方向，即教师的培训要以“高等职业院校为本”。虽然国家尚未对高等职业院校教师职业教育培训做出明确规定，但职业教育培训在培养“双师型”教师

方面的价值已日益凸显，因此，制定相关政策、法规已提上日程。我们不能仅在口头或理论上倡导职业教育培训，必须加紧出台相关政策和法规，明确职业教育培训的地位、作用和实施原则，确保高等职业院校拥有自主权，能够满足高等职业院校和教师的实际需求和价值。此外，还需要改革教师培训评价制度和经费审批使用政策，确保职业教育培训成效得到制度认可，确保其经费来源有政策保障。

在法律层面上，应对高职教师任职资格做出明确要求。目前，我国法律仅对高职教师的学历进行了规定，但对实践技能方面并无具体要求，这与“双师型”师资队伍的要求不符。因此，必须加强对高等职业院校教师任职资格的研究，制定合理的高职教师任职资格条件，并在此基础上逐步推进教师任职资格制度的全面实施，以建立一支适应国际高等职业教育发展需要的教师队伍。虽然教育主管部门近几年出台了许多激励性措施，但缺乏实际层面的操作性。高等职业院校教师希望看到培训与其技术提升、晋级、加薪密切相关；高等职业院校则希望看到培训带来一定的经济和社会效益。因此，教育主管部门应深入调查研究，制定切实可行的激励政策，促进高等职业院校和教师积极开展职业教育培训。

高等职业院校应加快“双师型”教师职业教育培训的制度化建设。在政府宏观政策的支持和保障下，高等职业院校应从职业教育培训的实施计划、管理体制和评价体系等方面建立健全相关制度，以保证职业教育培训的顺利开展。职业教育培训的实施计划应包括明确的培训目标、具体的培训内容和科学的培训方法等方面。根据教师的不同需要和能力水平，选择不同的培训内容和方法，促进教师的专业发展。同时，管理体制的完善也是确保职业教育培训顺利进行的关键。高等职业院校应建立专门的职业教育培训管理机构，负责职业教育培训的组织、协调和监督工作，确保培训计划的有效实施。评价体系的建立也是职业教育培训制度化建设的重要环节。高等职业院校应建立科学的职业教育培训评价体系，对教师的培训效果进行全面、客观的评价。评价内容应包括教师的知识水平、专业技能、教学能力和科研能力等多个方面，评价结果应作为教师晋级、加薪和评优的重要依据。只有在持续创新和发展的前提下，职业教育培训才能更好地满足高职“双师型”教师的发展需求。各地高等职业院校应根据自身实际情况，制订灵活多样的职业教育培训方案，以达到最佳的培训效果。职业教育培训不仅要关注教师的专业发展，还要关注教师的个人成长和职业价值的实现，使教师在职业教育培训中不断提升自身素质，成为具有现代教育理念、掌握最新学科知识和现代化教学手段的“双师型”教师。

高职“双师型”教师职业教育培训计划的制订和实施是教师继续教育的重要环节，需要校长作为组织领导者全面规划和领导教师职业教育培训工作。校长作为职业教育培训的第一责任人，应从高等职业院校发展目标出发，全面规划和领导实施教师培训工作，制订“双师型”教师队伍的培训计划。根据高等职业院校总体发展规划和师资队伍建设的具体计划，校长需拟定“双师型”教师队伍的近期和中长期发展目标。在制订计划时，要考虑高等职业院校在各个阶段的发展规模、办学方向、特色和质量要求，以确保培训计划符合学校的整体发展战略。

关于高职“双师型”教师职业教育培训的评价，当前缺乏有效的评价机制是职业教育培训中最突出且最难解决的问题之一。目前，多数国家的职业教育培训评价标准和评价人员来自校外，这导致评价难以真实反映教师在培训后的课堂行为或教学实践中的变化，以及高等职业院校在这一过程中所获得的改进。为此，建议尽快改革和完善传统的教师职业教育培训评价制度，将职业教育培训纳入其中，赋予高等职业院校和教师更大的自主权，以提高其主动性。在构建评价体系时，要按照高职教师职业教育培训目标确立“双师型”教师素质标准，建立具有可操作性、发展性和过程性的评价体系。此外，在重视领导和专家评价的同时，还应采用多主体评价，更多地接受教师的自我评价。对于评价结果的处理，应着眼于追因，以便及时采取有效措施改进职业教育培训模式。现代化管理是职业教育培训的前提和保障，没有科学的管理，职业教育培训很难成为高等职业院校全员共同协作的活动，也就不能满足每个教师的工作需要。现代高等职业教育的发展趋势与市场紧密相连，呈现出学科多样化、专业特色化和办学多元化的特点，这决定了教师专业发展的需求具有多层次、多侧面和随时随地的特点。因此，教师职业教育培训的操作与管理应该适当下移，建立“校院统筹、系科运作、教研室组执行”的体制。高等职业院校负责制定规划和制度，起监督、检查和评价作用；系科制订可行的具体实施方案，起指导、协调和控制作用；教研室和教研组具体组织和实施培训工作。只有各层面各负其责，协作运行，才能确保整个培训工作富有成效地开展。

要发挥职业教育培训支持系统的功能，首先，要转变校长和教师的思想观念，高等职业院校不只是培养学生的场所，更是教师专业发展的基地。其次，要突出职业教育培训对象的全员性和时间的全程性。在对教师进行培训时，还应包括对教务、行政与后勤管理人员的培训。唯有如此，才能将思想统一到以高等职业院校与教师为本的观念上来，协调各方人员，调动各部门资源顺利开展培训。

三、大力开展高等职业院校“双师型”教师职业教育培训资源的挖掘与建设

职业教育培训重在挖掘和利用高等职业院校内外的资源，特别是充分

利用校内有利条件，并得到校外资源的支持。职业教育培训所需的资源主要包括经费和教育资源。在经费资源方面，职业教育培训中的行动研究、参与式培训、课题研究和经验交流等活动都需要经费的支持。此外，激励机制的建立和校际合作培训的开展也需要相应的经费。因此，高等职业院校应多渠道筹集经费，其中较为可行的是政府与高等职业院校共同建立职业教育培训专项基金，以确保物质资源的供给与支持。同时，高等职业院校还可以通过发展“三产”来增加收入，这不仅为学校提供了实训基地，也为职业教育培训筹集了资金。在教育资源方面，随着教育资源的信息化、网络化和多样化发展，我们不能仅从狭义角度理解和认识教育资源的种类和形式，而应在更广阔的视野下重构、重组和整合教育资源。教育资源不仅局限于文本性的知识资源，还应包括实践资源、智力资源和网络资源。

文本性的知识资源是通过纸质介体形式大量积累和传播的一切有用的教育信息的集合，如书籍、报纸、期刊和公告等。实践资源是广大教师在教育实践和教育改革过程中不断创造并积累下来的富有成效的实践经验和教学体会，这是源于教学一线极富生机活力，并具有生成价值的教育资源。智力资源是指既懂理论又懂实践的专家学者，他们能够对高等职业院校面临的各类问题做出理性的认识，并对高等职业院校教师予以系统的指导。网络资源由于其经济实惠、方便快捷和信息海量等特点，应当成为职业教育培训资源建设的重要一环。资源是高职“双师型”教师职业教育培训顺利运行的保障，因此，必须高度重视教师培训资源的研究和探索。在资源的生成、开发和拓展等方面，应该挖掘各种资源潜力，在多样化内涵和多元化形式的基础上，探索和建设较为完善和成熟的教师培训教育资源体系。这样才能彻底打通和拓宽教师培训发展的“瓶颈”，促进教师培训的全面持久发展。为了确保职业教育培训的有效性，高等职业院校还需注重教师培训资源的整合和优化。在资源整合方面，应建立校内外合作机制，充分利用高校、企业、科研院所等外部资源，形成多方共建共享的资源平台。同时，应加强教师培训资源的动态管理，实时更新和补充培训内容，以适应教育发展的新需求。

四、开展内容丰富、形式多样的高等职业院校“双师型”教师能力培训

高等职业院校“双师型”教师职业教育培训的教学内容应以教师为本、以能力为本、以发展为本。首先，培训要体现以人为本的现代精神，弘扬教师的主体意识和创造精神，以教师的需要为本。以往的教师在职教育偏重于学科知识的系统性与完整性，往往忽视了高职教师综合能力的培养。因此，职业教育培训不应再以传授知识为导向，而应在完善知识的前提下，将技术能力培养作为关键，打破工具理性的束缚，追求职业院校教师个体的发展。其次，职业教育培训应充分考虑教师的差异性，根据不同特点、需要和能力水平选择培训内容与方法，促进教师成长为“双师型”教师。培训内容不应囿于教师缺少的理论知识和技能，而应扩大化、开放化，以保证职业院校教师能够对教育改革和高等职业院校的发展做出灵敏反应。在确立培训内容时需要考虑三类相互关联的因素：一是不同类型教师专业发展的个性需要以及相互通融的方面；二是教师专业发展在不同发展阶段的需要以及发展的连续性；三是教师专业发展的关键时期及这一时期的优势需要。职业教育培训的目的是促进教师专业发展，因此，培训内容需要从知识、能力和素质等多个维度进行考虑。教师的知识一般包含三个方面：本体性知识、条件性知识和实践性知识。本体性知识是指教师的

学科知识，是教师成长的必要条件；条件性知识是指教师在教育学、心理学方面的知识；实践性知识是指教师具备的课堂背景知识及相关知识，这更多地来自教学实践，具有明显的经验成分。

在高等职业教育中，提升教师的创新教学能力是提高教学质量和激发学生潜力的关键因素。随着科技的快速发展和产业的转型升级，教师需要具备引导学生进行创新、解决复杂问题的能力。为此，高等职业院校应采取一系列措施，营造创新教学氛围，提供专业培训，并优化评价体系，以培养教师的创新教学能力。高等职业院校应营造一个鼓励创新的教学环境，打破传统的教学模式，允许教师尝试新的教学方法和工具。例如，翻转课堂、项目式学习、在线协作等方法可以让教师自由地探索创新的教学策略，激发学生的学习兴趣，培养他们的创新思维和协作能力。这种创新环境能够促进教师和学生在教学过程中相互不断进行尝试和改进，以此形成良性循环。高等职业院校可以组织教师参加创新教育工作坊和研讨会，学习国内外先进的教学理念和方法，帮助教师更新知识结构，掌握前沿教学技术。例如，虚拟现实和人工智能等新技术的应用可以提升教学效率和学生的学习体验，将这些技术融入教学中，教师可以更好地适应时代发展，提高教学质量。

高等职业院校也应设立专项基金支持教师进行教学改革项目，鼓励他们将创新教学方法应用于实际教学中。通过实践，教师可以不断提升自己的创新教学能力。同时，设立教师创新教学奖励制度，对在教学创新方面表现出色的教师进行表彰，以激励更多的教师参与创新教学的实践。这不仅有助于提高教师的积极性，还能形成良好的教学创新氛围。教师间的交流与合作也是提升创新教学能力的重要途径，通过组建教师学习共同体，定期举办教学研讨会，教师可以分享各自的创新教学经验和成功案例，互相学习，共同成长。跨学科的交流有助于教师借鉴不同领域的教学方法，促进跨学科教育的实施，培养学生的跨领域解决问题能力。这样的交流与合作可以促进教师在教学中不断创新，提高教学质量。在评价体系方面，高等职业院校应调整对教师的评价标准，不仅关注教学效果和学生满意度，还要考虑教师在创新教学方面的投入和成果。采用观察、访谈、学生反馈等多种方式，评价教师的创新教学策略是否有效，是否有助于增强学生的学习效果。这样的评价体系可以促使教师更加注重创新教学能力的提升，从而推动整体教学水平的提高。为了保证教师的创新教学能力持续发展，高等职业院校还应建立一套完善的支持体系。例如，提供教学设计咨询，帮助教师解决在创新教学过程中遇到的问题；设立教师学习资源库，提供丰富的教学资源供教师参考和借鉴；定期组织教学观摩活动，让教师有机会观摩和学习他人的创新教学实践，进一步提升自身的教学能力。

第二节　培训师资队伍建设

一、加强政策导向，提高职业教育教师的吸引力

针对职业教育教师吸引力不足，制约我国职业教育发展的现状，需要从国家层面研究并制定增强职业教育教师吸引力的政策措施和内外部协调机制，使之成为职业教育发展的重要方向和政策制定的依据。《国家中长

期教育改革与发展规划纲要（2010—2020年）》已经将增强职业教育吸引力作为职业教育改革发展的突出问题加以重视。这不仅为职业教育的发展带来了新的机遇，也为职业教育教师队伍建设提供了新的契机。随着职业教育吸引力的增强，职业教育教师的社会地位和福利待遇也会相应提高，从而进一步增加其吸引力。提升职业教育教师的吸引力是一项长期任务，需要做好以下几个方面的工作：首先，建立人才激励和保障制度，提高职业教育教师的社会地位和福利待遇。通过完善薪酬体系、提供职业发展机会等措施，增强职业教育教师的吸引力。其次，调整社会用人制度，搭建多元化人才通道。通过制度改革，推动社会对职业教育教师的认可，促进人才的合理流动和使用。再次，完善职业教育教师资格、编制和职务制度。确保合格的职业教育师范生优先进入职业院校任教，建立健全与教师培训、考核、任用、晋升挂钩等相关的机制，提升教师的专业素质和职业发展空间。最后，加强对职业教育教师工作的宣传力度，营造全社会尊重职业教育教师的氛围。通过媒体宣传、社会活动等方式提高公众对职业教育教师重要性的认识，增强职业教育教师职业的吸引力。

二、青年教师培养机制

青年教师是高等职业教育师资队伍的未来，他们的成长与培养对于保持教育质量的稳定和提高至关重要。高等职业院校应建立一套完善的青年教师培养机制，确保他们能够迅速融入教学环境，成长为具备“双师”素质的优秀教育工作者。这套机制应包括以下几个核心环节。

一是设置入职引导与培训。新入职的青年教师往往缺乏实践经验和教学技巧，因此，高等职业院校应提供专门的入职培训，内容涵盖教育理念、教学方法、课程设计、学生管理等方面，帮助他们理解职业教育的特性和要求。同时，通过导师制度，指定经验丰富的教师作为指导者，为青年教师在教学和科研上提供具体的指导和帮助。

二是鼓励实践锻炼。为了培养教师的行业经验和实际操作能力，高等职业院校应安排青年教师进行企业挂职、顶岗实习或参与校企合作项目等实践锻炼，让他们在真实的行业环境中熟悉工作流程，了解技术发展动态。这不仅能提高教师的专业素养，也有助于他们在课堂上运用生动的实例来讲解理论知识，提高学生的学习兴趣和参与度。

三是支持教师继续教育和学术发展。高校应为青年教师提供多种进修机会，如参加国内外学术会议、研修班、学术研究项目等，以拓宽他们的知识视野，提升科研能力。同时，设立专项基金，鼓励青年教师进行教学改革研究，支持他们在教学方法、课程设计、评价体系等方面进行创新尝试。

四是在职业发展方面，设立明确的晋升通道和奖励机制，对表现出色的青年教师给予晋升和表彰，激发他们的工作积极性和职业归属感。这包括设立青年教师科研启动基金，提供教学成果奖励，以及设立优秀青年教师荣誉称号等。

五是建立有效的沟通与评价机制。定期举办青年教师论坛，让他们有机会分享教学心得，交流经验，同时，通过同行评价、学生评价和教学观察，为青年教师提供反馈，帮助他们改进教学方法，提高教学质量。

六是关注青年教师的身心健康。提供职业咨询和心理辅导，帮助他们应对教学压力，保持良好的工作状态。同时，倡导工作与生活的平衡，提供足够的假期和休息时间，以保持教师的长期工作热情。

通过以上培养机制，高等职业院校不仅可以加速青年教师的专业成长，还能激发他们的创新精神，为打造一支高质量的“双师型”师资队伍奠定坚实基础。这不仅有利于提高教育质量，也对推动高等职业教育的现代化进程具有重要意义。

三、学科带头人与骨干教师队伍建设

学科带头人和骨干教师队伍是高等职业教育的核心力量，他们在专业建设、课程改革和科研创新中发挥着引领和示范作用。为了建设一支具有国际视野、行业影响力和学术竞争力的学科队伍，高等职业院校应实施一系列策略，包括选拔机制的优化、激励政策的制定以及专业发展的支持。

在选拔机制上，高等职业院校应建立公正、透明、科学的选拔体系，优先考虑在专业领域具有深厚学术功底和丰富实践经验的教师。选拔过程不仅看重候选人已有的学术成果和教学业绩，还应考虑其未来发展的潜力以及对学科长远发展的贡献。同时，选拔过程应充分尊重学术民主，鼓励同行专家参与评价，确保选拔的公正性。

制定具有竞争力的激励政策，以吸引和留住学科带头人和骨干教师。这包括提供富有竞争力的薪酬待遇、充足的科研启动资金、良好的工作条件以及充足的学术自由度。同时，设立专项基金，以便支持他们参与国际学术交流，进行长期的学术研究，以及参加专业领域的国际会议。此外，为他们提供晋升通道，设立学术领导岗位，如系主任、院长等，以便他们能够在学术管理和学科建设中发挥更大作用。

专业发展支持是学科队伍建设的重要环节。为学科带头人和骨干教师提供继续教育机会，鼓励他们参与国内外高端研修项目，更新专业知识，提升国际视野。同时，支持他们与产业界的合作，通过产学研结合，将最新的行业动态和实践案例融入教学和科研中，提升教育的实践性和创新性。

高等职业院校应设立学科发展基金，鼓励学科带头人引领团队进行重大科研项目，提升高等职业院校在国内外的学术影响力。通过设立校级、省级乃至国家级的科研平台，为他们提供良好的科研环境，以支持高水平的科研产出。

为了增进学科之间的交流与合作，高等职业院校应组织定期的学术研讨会、工作坊，让学科带头人分享经验和成果，促进多学科交叉融合，推动创新。同时，鼓励教师跨学科申报项目，构建跨学科研究团队，以解决复杂的社会和行业问题。

对学科带头人和骨干教师队伍的评价体系也应进行相应改革，除关注传统的学术产出，还应重视他们在人才培养、学科建设、社会服务以及国际交流等方面的影响。评价结果应与职务晋升、薪酬待遇和资源分配等挂钩，以促进教师的全面发展。

学科带头人和骨干教师队伍的建设应结合选拔、激励、培养和评价等多方面的策略，营造良好的学术氛围，激发教师的创新精神和专业责任感。通过不断提升师资队伍的综合竞争力，高等职业院校能够更好地适应行业需求，推动学科发展，为社会输送具有国际竞争力的技术技能人才。

四、创新职业教育教师培养方式

在高等职业教育体系中，教师的专业发展与素养提升是决定教育质量的关键因素。在知识经济和快速变化的职场环境中，教师不仅要具备扎实的学科知识，还需要具备实践经验和教学创新能力，以培养出能够适应行业需求的高素质技术技能人才。为此，高等职业院校应采取一系列策略，促进教师的专业成长并提升其综合素养。

建立完善的教师培养机制，包括入职培训、在职进修、专业发展研讨会等，以确保教师能够及时更新知识，掌握最新的教育理念和行业动态。例如，定期举办校内外的学术交流活动，邀请行业专家分享实践经验，使教师有机会了解行业需求和前沿技术，从而将最新知识融入教学内容中。

实施“双师型”教师队伍建设，鼓励教师在教学之余，通过企业实践、挂职锻炼等形式，提高其行业经验和实际操作能力。这有助于教师将理论知识与实际工作紧密结合，提升其在教学中解决实际问题的能力。同时，通过与企业的紧密合作，教师可以引入更多实战案例，使教学更具有针对性和实用性。

高校应重视教师的科研能力培养，鼓励教师参与科研项目和学术研究，提升其理论素养和创新能力。通过科研活动，教师可以将科研成果转化为教学资源，培养学生的创新思维和研究能力。同时，科研活动有助于教师在学术领域产生影响力，推动教学内容的创新和教学质量的提高。

在师资管理上，实施灵活的职称评聘制度，鼓励教师全面发展，强调教学、科研和实践能力的综合评价。这将引导教师在教学和科研之间找到平衡，以实现专业化和全面化的发展。同时，建立有效的激励机制，如优秀教师表彰、职业发展奖励，以激发教师的积极性和专业成长动力。

为确保教师的专业发展，高等职业院校还应提供持续的教育资源支持，包括图书资料、实验设备、在线学习平台等，以满足教师自我提升和教学创新的需求。此外，优化教师工作环境，为教师提供足够的教学时间和空间，有助于教师专注于教学研究，提高教学质量。

在教师素养提升方面，除了专业知识和技能的提升，还应注重师德建设。弘扬严谨治学、敬业奉献的精神，培养教师关爱学生、以学生为中心的教育理念，这对于塑造良好学风和培养全面发展的人才至关重要。

教师专业发展与素养提升是高等职业教育质量提高的核心环节。通过构建全面的教师培养体系，鼓励实践与科研并重，以及提供良好的教育资源和工作环境，高等职业院校可以打造一支具备实践导向、创新能力、科研素养的高素质师资队伍，从而推动高等职业教育的现代化进程，为社会输送更多优秀技术技能人才。

五、鼓励企业参与职业教育教师培养培训工作

企业先进的生产工艺、设备和经营管理理念，为职业教育教师接受专业技能培训提供了最佳条件。因此，如何利用这些优越的条件，调动企业的积极性，使其乐于接受教师的培训，成为国家层面需要解决的问题。为此，应从国家层面制定相关政策，鼓励和引导行业代表性强、职业培训基础好、技术水平高、重视并热心职业教育的骨干企业参与职业教育教师的培养培训工作。

企业是否愿意参与职业教育教师培养培训工作，根本动力源于其内在的利益需求。企业作为职业教育的直接受益者，会直接影响到企业能否选到合格的劳动者。

通过深入研究，不断提升基础研究能力，夯实科研根基，正确把握国内外职业教育教师建设的发展趋势和经验，为我国建立和完善现代职业教育教师培养培训体系提供智力支撑。为此，应采取以下几项具体措施：一是确定企业参与职业教育教师培养培训工作的资格要求，确保参与企业具备一定的实力和条件。要求企业参与合作开发课程，提供培训所需的管理、技术及操作岗位，选派指导教师，并组织实施培养培训课程。二是建立企业参与职业教育教师培养培训工作的收益补偿机制，保障企业的利益。通过在专项资助、土地使用、基本建设等经费方面给予企业与其他同类机构同等的待遇，激励企业积极参与教师培养培训工作。三是通过多种

形式建立社会激励机制，激发企业参与职业教育教师培养培训的责任感和荣誉感。例如，可以设立奖项或荣誉称号，对在职业教育教师培养培训中表现突出的企业进行表彰和奖励。四是加强职业教育教师建设的科学研究，围绕国家职业教育发展需要和国家发展战略，解决职业教育教师发展的深层次问题和宏观决策实施问题。重点研究构建职业教育教师培养培训体系、管理体制、培养培训模式、技术标准等重大政策问题，研究国家资格标准、国际交流与合作以及如何培养高端职教人才等问题。

六、打造培育工匠精神的师资队伍

教师的职业素养、专业技能和教学经验对教学效果、学生素养以及院校发展都有直接或间接的影响。为了积极推行工匠精神的培育，教师需要提高自身的职业素养与职业精神。职业院校应积极落实工匠教师的培训工作，为培养学生的工匠精神提供基础保障，努力打造“双师型”师资队伍，全方位提升教师的专业技能和职业素养。首先，院校应针对职业素养培训制订切实可行的培训计划。通过系统化的培训，提升教师的职业素养和专业技能，使他们能够更好地引导学生培养工匠精神。其次，院校应选拔优秀教师到合作企业进行顶岗实习和挂职锻炼，通过在实际岗位工作中学习一线工作精神，提升自身的专业技能和职业素养。最后，院校还应聘请企业一线工匠进校开展讲座和培训活动，将工匠精神有效渗透到实训课程教学中。教师作为教育过程中的中坚力量，起着主体作用。一所具有竞争力的职业院校，关键在于拥有一支高水准的教师队伍，这支队伍不仅要具备丰富的理论知识和实践能力，还要拥有教书育人的能力。因此，建设一支“双师型”教师队伍是实现职业院校技能型人才培养目标的迫切需要。

在现代学徒制中，培育工匠精神的关键在于“双师型”教师。“双师型”教师不仅在培养学生职业技能和职业道德方面起到重要作用，还能将严谨专注、敬业乐业的思想贯穿其中，对学生工匠精神的培育大有裨益。从“双师型”教师的来源来看，分为专职教师和兼职教师。专职教师具备丰富的专业知识和教育学相关知识，能够有效培养学生的工匠精神；兼职教师通常是企业中的技术骨干或能工巧匠，在技能操作方面有很高的建树。通过专、兼职教师结合，在知识和技能上共同培养学生的工匠精神。职业院校应根据自身条件，增加“双师型”教师在教师队伍中的比例，加大资金支持，注重培养专职教师的操作技能和兼职教师的教学能力，鼓励兼职教师向专职教师转变。加强教师培训，构建职前培养、入职培训和职后培养三者有效衔接的多层次职教师资培训体系，激励教师在工作岗位上贯彻工匠精神。教师专业化是一个动态、可持续的过程，每个阶段都应建立特定的培训目标，展开有针对性的培训活动。鼓励教师参加相关讲座、同伴交流、社会实践等活动，在实践中体会工匠精神对培育技能型人才的重要性，并将这种体会运用到教学中，激发自身培育学生工匠精神的热情。在培育学生技能的同时贯穿品德教育，教师应以身作则，使职业院校实现培育技能型人才的目标，帮助学生实现向高素质、高技能工匠的转变。完善师资保障体系，加强校企合作，通过多种方式确保职教师资队伍的建设，严格执行企业师父遴选制度，明确企业师父指导内容，确保师资队伍的质量和水平。

七、打造工匠型“双导师”教学团队

按照“双师结对、身份互认、角色互换、共享共培”的方式，校企共同打造一支理论水平高、实践经验丰富、专业技能精湛、个人素质高的工

匠型“双导师”教学团队，以承担现代学徒制的教学任务，包括课程与教材开发、课程标准制定以及技术研究等。高等职业院校教师和企业师父作为“双导师”育人主体，能够对学徒的思想和行为产生深远持久的影响，对学徒工匠精神的培育起着决定性作用。

（1）严格选拔“双导师”教学团队。校企合作研究工匠型导师标准，建立健全选拔培育、考核激励、评价反馈、协作沟通、共享共培的管理机制。通过这些机制，精心选拔、全面培养、严格考核高等职业院校教师和企业师父，确保“双导师”教学团队的质量，保证他们能够胜任教学和育人的任务。

（2）加强“双导师”教学团队的培养考核。校企合作创建“企业教师工作站”和“企业大师工作室”，高等职业院校教师依托“企业教师工作站”，在企业生产岗位进行实践锻炼，参与企业生产实践与产品开发，与企业技能大师合作开展科技攻关，解决企业技术难题，从而提升实践能力、科研水平及工匠品质，打造成能说会做的校内工匠之师。同时，高等职业院校为企业技能大师提供教育培训，提高他们的教学理论水平和教学能力，经过考核合格后方能担任学徒导师。企业师父则依托校内“企业大师工作室”开展教学和育人工作，培养学生的职业技能。

（3）完善“双导师”协同育人机制。高等职业院校教师主要负责专业理论知识的传授，企业师父主要负责实践操作技能的培养，“双导师”合作完成学徒课程教学、岗位轮训及管理考核等任务。通过工匠型“双导师”教学团队的真实项目案例，让学生切身感受到企业技能大师展现出来的专注、卓越和创新的职业精神，从而潜移默化中形成正确的职业观和就业观。

第三节　资源共享与创新

一、资源共享问题

高等职业院校迎来了重大发展机遇，与此同时，职教改革也在不断深入。高等职业院校践行改革举措，可从哪些方面发力？近年来职业教育的改革不断推进。《国家职业教育改革实施方案》（以下简称《方案》）为职教改革明确了方向。《方案》提到，要落实职业院校实施学历教育与培训并举的法定职责，按照育训结合、长短结合、内外结合的要求，面向在校学生和全体社会成员开展职业培训。随着政策落地，众多高等职业院校也在推进相关工作方面迈出了坚实的一步。

在按照育训结合相关要求推进工作的过程中，一批院校在加强专业建设、深化课程改革、增加实训内容、提高师资水平方面积极创新。柳州铁道职业技术学院的举措是打造兼具实用性、创新性和开放性的资源共享平台，以建立专业教学资源库为代表的职教创新举措。据柳州铁道职业技术学院院长黄锋介绍，高等职业院校牵头主持的“铁道信号自动控制”专业教学资源库项目，于 2017 年获批广西第一批职业教育专业教学资源库项目，经过两年的建设，于 2019 年成功入选国家职业教育专业教学资源库项目。打造职业教育专业教学资源库是落实《方案》中明确要求的“健全专业教学资源库，建立共建共享平台的资源认证标准和交易机制，进一步扩大优质资源覆盖面”举措，也是该校职教创新迈出的重要一步。该资源库以优质教学资源建设应用为核心，坚持“校企联合、共建共享、边建边用”的原则，面向高等职业院校教师、在校学生、企业员工、社会人员等用户提供资源检索、在线学习、职工培训、技能考证、终身学习等个性化服务支持，充分发挥高等职业院校“铁道信号自动控制”国家示范性专业教学资源库的辐射与社会服务作用。目前，资源库中已经完成了13门专业课程教学资源的设计与开发，资源库中的素材总量达5000条以上，包括文本、视频、动画等7种素材类别，涵盖教学课件、教学视频、教学动画、虚拟软件、教学案例等10余种应用类别。资源库用户注册人数超过3.6万人，资源库应用推广的效果良好，使用单位达160多个。

自2017年起，柳州铁道职业技术学院先后将资源库应用推广于泰国东北部皇家理工大学等10余所东盟国家院校的师资培训、留学生学习活动中，促进了中国职教、中国高铁技术、中国文化的一体式输出。在谈及建设该资源库的缘由时，黄锋院长介绍道，该举措旨在探索优化专业教学资源库的顶层设计，以更好地实现资源库学习支持服务的个性化和智能化，从而提高人才培养质量。高等职业院校希望创新职业培训模式，充分发挥其社会效益，为服务终身学习型社会提供一个兼具实用性、创新性和开放性的资源共享平台。按照计划，该资源库需要解决以下三个问题：

（1）资源库的资源体系结构不合理。资源库顶层设计中缺乏模块、内容，逻辑的整体性、系统性和贯通性欠佳，没有形成层次条理清晰、脉络分明的高质量教学素材网络体系。

针对这个问题，打造的高职专业教学资源库着力构建“三维三层”资源体系框架，即按照高等职业院校“专业—课程—任务”与行业企业“职业—岗位—技能”三个维度，以及A类技能（职业普适技能）资源、B类技能（岗位基础技能）资源、C类技能（岗位核心与拓展技能）三个层次的架构，将资源进行分类，形成系统化的资源层级体系，强化分类指导，实施多维度多层次育人。

（2）资源库的社会服务能力不强。企业参与资源库共建共享的力度不强，资源内容与企业岗位、工作要求及职业资格标准等方面的对接性较弱，没有及时更新相关行业发展动态和前沿技术趋势等方面的资讯，导致资源库不能满足企业员工和社会学习者的实际应用需求。

对于上述问题，该资源库的解决方案是依托高等职业院校在铁路及轨道交通的深厚行业背景，联合院校教师与企业专家组成协同培训团队，对企业岗位特征、行业技术更新等方面进行深度剖析，在资源库中引入企业标准和真实的项目案例，联合行业企业及其他同类院校共同开发分层次、针对性的培训资源包，利用资源库平台为企业用户提供“联盟制定制式”的继续教育、技能鉴定和培训服务。

（3）在“一带一路”国家倡议的背景下，伴随中国铁路“走出去”发展战略的实施，国外尤其是东盟国家，其轨道交通人才队伍在数量和质量上均难以满足企业业务快速拓展的需要。

为了解决这个问题，“铁道信号自动控制”专业教学资源库中汇集了联建铁路院校参与国家“一带一路”建设、服务高铁“走出去”铁路企业开展本土化人才培养的成功实例与专业资源，同时开发了“双语”教学及培训资源包，为国际化人才培养提供了优质专业资源。

二、“政行企校”共同发力的质保体系

随着职教改革的各项举措落地，职业教育质量的保障也备受关注。到

底该如何保障职业教育的质量呢？有专家指出，“需要内外质保体系共同发力。高等职业院校围绕经济社会发展和人的全面发展需求，将质量内化为价值观念和行为规范，突出‘服务’价值取向，秉承‘以人为本、自律创新’的质量理念，建立了科学合理的内部质量保证体系和可持续发展的教学诊断与改进机制，形成具有高等职业院校特色的质量文化”。据专家介绍，高等职业院校建立的内部质保体系和推行的改进举措具体包括以下几点。

第一，完善现代大学制度体系是提升高等职业院校治理能力的关键。首先，要制定并实施符合现代大学制度的高等职业院校章程，完善理事会、学术委员会和教学指导委员会的建设，搭建政府、行业、企业和学校对话的机制。充分发挥职业教育集团在研究、咨询、指导和服务等方面的职能。实施二级学院主体办学责任的校院内部管理机构体制改革，激发二级学院的办学活力，支撑办学育人重心下沉，实现教学团队和科研团队的强强联合，以及教学改革与科学研究的深入融合。以集团化办学和建设混合所有制特色二级学院为突破口，创新体制机制改革。

第二，多措并举，深入推进人事制度改革。实施分类培养、分类管理、分类考核、分类评聘的动态工作机制，推进岗位设置及岗位评聘改革，搭建专业化、职业化的高等职业院校职称管理体系，确保人事管理更加科学和高效。

第三，在教学整改工作方面，要突出教师和学生两个核心。按照全面质量管理的理念围绕高等职业院校、学院、专业、课程、教师、学生六个层面（六横），以及质量决策与指挥系统、资源建设系统、支持服务系统、质量生成系统、监督控制系统五个环节（五纵），对校内各二级单位进行分类管理。完善专业和课程标准，形成由开发标准、条件标准、运行标准、结果标准组成的专业和课程逻辑相关的标准系列，确保教学质量和效果。

建成数据中心平台和内诊平台，实现了应用系统数据的互联互通，解决了“信息孤岛”的问题。依托上述两个平台，高等职业院校将对“决策指挥、资源建设、支持服务、质量生成、监督控制”五个纵向层面的人才培养实施过程进行实时监控。另外，高等职业院校还计划整合师生全方位数据，按照高等职业院校师生发展标准多维度展示师生成长数据，助力师生成长；实现业务综合分析和专题挖掘，多维度多方位展示高等职业院校办学态势，对高等职业院校状态进行“数字画像”，实现大数据精准分析和支撑管理决策。同时，通过科学规划资源建设、服务保障等方面预警参数指标，合理设置预警阈值，构建服务保障预警体系，支撑高等职业院校人才培养监测体系的常态化运行。外部保障体系特别是外部评价机制的建立，完善政府、行业、企业、职业院校等共同参与的质量评价机制，对改革职业教育质量评价体系、加强职业教育内涵建设、推进校企深度合作具有重要意义。

根据实践，在具体操作上，建议从以下四个环节来实施评价。

第一，建立以行业企业为主导的评价委员会。由教育部门组织，根据政策规定，组建由用人单位、行业协会及高等职业院校共同参与的教育质量评价委员会，强调行业企业的主体作用，保证企业的深度参与。评价委员会聘请相关用人单位、行业协会等专家、一线技术骨干、班组长、企业管理者，组成专业评价队伍。

第二，政校企三方共同开发职业教育教学标准。包括专业建设标准、行业职业资格标准、课业考核标准和人才培养标准，切实将行业企业岗位标准和用人标准贯穿到考核评价目标中去。在评价方式和手段上，既有定量评价，也有定性评价；既有过程性评价，也有终结性评价，根据评价任务内容不同而设定，实现评价方式和手段与企业同步。

第三，优化评价过程，加强信息公开。在具体的评价实施上，企业行业组织与高等职业院校分工协作，分阶段、按步骤实施评价。再由评价委员会汇总质量评价的数据，通过分析和处理后形成评价报告，向职业院校和相关企业反馈评价结果。

第四，充分发挥评价结果的导向作用。职业院校应根据评价结果，及时改进教育教学管理工作，优化人才培养的目标、过程和模式；企业也应及时更新人才需求信息，发挥自动调节作用；同时，评价组织机构要追踪被评价对象对评价结果的采纳比例、满意度和改进意见等情况，不断完善和改进评价体系。通过评价体系各环节的循环和呼应，实现各功能模块之间的互动与交流，使整个评价流程形成一个闭环控制系统。

三、精品资源共享策略

1. 资源共享课建设理念

精品资源共享课的建设要形成普通本科教育、高等职业教育、网络教育多层次、多类型的优质课程教学资源共建共享体系，为高校师生和社会学习者提供优质课程教学资源。其与原来国家要求的精品课程建设的一个很大区别就是服务对象不再单纯是高校教师，还包括高校学生及社会学习者。

2. 课程建设的内容

作为精品优质资源共享课程，其课程内容要能涵盖本课程基本的知识、概念、原理、方法与技能，课程教学内容要有科学性、系统性、先进性、适应性和针对性等。

（1）基本教学内容建设。课程标准是由课程负责人、课程组成员和兼职教师及行业专家根据岗位需要及人才培养方案共同讨论制定的，知识目标、技能目标、能力目标都做了详细具体的要求。教学内容及学时根据企业对能力的要求，合理分配。教学思想、教学内容、教学方法、教学过程等核心资源，包括课程介绍、课程标准、教学日历、教案或演示文稿、重点难点指导、作业、参考资料目录和课程教学录像等反映教学活动必需的资源都较系统完整地上传到课程网站。

（2）拓展教学内容建设。为了满足优质资源共享课各种服务对象的学习要求，拓展的教学内容中尽量多地涵盖更多的教育内容。例如，机械制造专业应该让学生了解不同厂商生产制造的机械等相关知识，让学生在掌握一个品牌设备的结构原理、操作方法、设备编程技巧、维护维修经验的基础上，更多地了解不同厂家生产的设备及其特点、性能及操作方法。对资源共享课建设过程管理要严格、规范：建设的课程内容是否符合要求，能否真正提高教学质量。当然需要教务监查、教学督导、教师听课、学生评课、学生考试成绩分析等多方参与综合测评，科学合理客观地评定课程建设的质量。高等职业院校每学期组织教务管理人员对共享课程做一次全面检查，检查其内容是否具备科学性、先进性、创新性，课程内容是否及时更新，并对不符合要求的课程停发建设资金。

3. 资源共享课建设成果

（1）教材建设。教材建设也是课程建设的重要组成部分。

（2）实验、实训设备设施建设。

（3）资源共享网站建设。

（4）教学质量的提高。

第四节 职业教育培训质量管理

一、信息技术在职业教育中的应用

信息技术的飞速发展为高等职业教育带来了前所未有的机遇，它不仅改变了教学手段，更深层次地影响了教育理念和教学模式。信息技术的融入，使得职业教育能够更加贴合现代产业需求，培养出具备数字化素养的高素质技术技能人才。

信息技术的广泛应用丰富了教学资源。通过在线课程、虚拟实验室、数字化教材等手段，职业教育可以突破地域和时间的限制，为学生提供丰富多样的学习资源。例如，虚拟现实技术可以模拟真实的生产环境，让学生在安全的环境中进行实践操作，提升技能的掌握程度。在线课程平台则使得优质教育资源得以共享，无论学生身处何地，都能接触到最新的行业知识。

信息技术强化了教学的互动性和个性化。利用在线讨论、即时反馈和自适应学习系统，教师可以更准确地了解学生的学习进度和对课程的理解程度，从而进行有针对性的指导。这种以学生为中心的教学模式，有助于激发学生的学习兴趣和主动性，提高学习效率。

信息技术在教学评价中的应用也日益重要。学习管理系统可以收集和分析学生的学习数据，为教师提供实时的教学反馈，帮助他们调整教学策略。同时，相关数据也可以用于学生的自我评价，促进他们的学习反思和进步。在线考试系统则可以实现客观、公正的自动评分，提高评价的效率和准确性。

在师资培训方面，信息技术促进了教师的专业发展。通过网络研讨会、远程培训和在线研究社区，教师可以便捷地获取最新的教育理念和教学方法，提升自身的教学能力和行业知识。同时，平台也为教师间的交流与合作提供了空间，有助于形成共享的专业知识网络。

然而，信息技术在职业教育中的应用也面临挑战，如数字鸿沟、技术更新快速以及信息安全等问题。因此，教育机构需要不断更新设备和软件，确保技术设备的现代化。同时，制定合理的政策，确保所有学生都能公平地获取和使用信息技术资源。在教学中，教师需要培养学生的数字素养，使他们能够在信息爆炸的时代有效利用资源，进行批判性思考。

信息技术在职业教育中的应用是提高教育质量、增强国际竞争力的重要途径。通过充分利用信息技术，高等职业教育可以实现教学内容的更新、教学方法的创新和教学质量的提高，从而培养出与新时代产业需求相适应的高素质技术技能人才。在未来，信息技术将继续在职业教育中发挥关键作用，推动教育的现代化进程。

二、实践教学模式创新

实践教学模式创新是高等职业教育培养应用型、技能型人才的核心环节。随着科技发展和社会需求的多元化，传统的实践教学模式已经不能满足现代职业教育的需要。因此，实践教学模式创新应围绕以下几个关键点展开。

1. 校企合作模式的深化是实践教学创新的关键

高等职业院校应与企业建立更加紧密的联系，通过共建实训基地、设立订单班、实施现代学徒制等方式，将企业的实际需求融入教学过程。这不仅能让学生在真实的生产环境中学习，还能够确保教学内容与就业市场同步，提升学生的就业竞争力。

2. 项目导向和案例教学的引入有助于提升学生的实践能力

将行业项目和案例引入课堂，让学生在完成项目的过程中学习和应用知识，能有效提高学生的动手能力和解决问题的能力。同时，通过分析和解决实际案例，学生可以更好地理解和运用理论知识，培养其创新思维和团队协作能力。

3. 模拟仿真实训和虚拟现实技术的应用是实践教学的前沿创新

借助新技术，学生可以在不受实际资源限制的环境中进行反复演练，提高操作技能，尤其对于危险、昂贵、复杂或无法实际操作的模拟，提供了安全的训练环境。同时，新技术还能模拟跨地域、跨文化的环境，有利于培养学生的国际视野和跨文化交际能力。

4. 实践教学的国际化也是创新的一个重要领域

鼓励学生参加国际交流项目，参与国际竞赛，与国际同行进行合作，能够提升学生的全球竞争力。高等职业院校可以与国外高校或企业合作，共享资源，开展联合研究，让学生在国际化的环境中学习，以适应全球化的工作环境。

5. 教师的角色在实践教学创新中至关重要

教师需具备行业经验和教学双重能力，他们应主动参与企业项目，了解行业动态，定期更新教学内容，以确保教学内容的前沿性和实用性。教师还应采用引导式教学方法，鼓励学生主动探究，培养其自主学习和终身学习的习惯。

6. 评价体系的改革是实践教学创新的一部分

评价不仅要关注学生的理论成绩，更应注重学生的实践操作能力、创新思维以及团队协作等软实力。通过设计多元评价指标，可以更全面地评价学生的能力，同时可以激励教师在教学中更加注重实践环节。

实践教学模式的创新是高等职业教育质量提高的必然要求。通过深化校企合作、引入项目导向和案例教学、利用现代技术、推动国际化交流以及改革评价体系，高等职业教育能够培养出更符合社会需求的高素质技术技能人才，为社会的持续发展提供有力的人才支持。

三、学历教育与技能培训结合的人才培养模式

在高等职业教育的创新与发展过程中，学历教育与技能培训相结合的人才培养模式日益受到重视。这种模式旨在克服传统学历教育过于理论化、技能培训缺乏系统性的问题，通过整合教育资源，为学生提供更为全面的知识和技能体系，以满足社会对高素质技术技能人才的多元化需求。

学历教育与技能培训相结合的人才培养模式强调理论与实践的深度融合，将行业标准和最新技术纳入课程体系。在课程设计上，不仅包含基础理论知识的传授，还注重实践能力的培养，如通过项目式学习、模拟实训、企业实习等方式，使学生在学习过程中能直接接触到行业实际，从而增强其解决实际问题的能力。

这种模式强化了校企合作，企业深度参与课程设计和教学过程，为学生提供真实的生产环境和项目案例，让学生在模拟或真实的职场环境中学习。企业专家作为兼职教师，可以将最新的行业知识和实践经验融入教学中，确保教育内容与产业发展同步。同时，通过建立稳定的实习基地和就

业通道，高等职业院校与企业可以形成人才供需的良性循环，增强毕业生的就业竞争力。

师资队伍是实现这一模式的关键。教师队伍应当具备双师素质，既具备丰富的理论知识，又具有实践经验。他们应该定期进行行业实践，了解行业动态，确保教学内容的时效性和实用性。同时，高等职业院校应为教师提供专业的发展机会，鼓励教师参与科研项目，提升其教学科研能力。

政策支持和法规保障也是人才培养模式创新的重要条件。政府应制定相应的政策，鼓励校企合作，提供资金支持，设立专门的技能培训基金，为学生实践和教师的专业发展提供资源保障。同时，完善职业教育法律法规，确保学历教育与技能培训的有机融合，避免两者之间的割裂。

在质量评价方面，应建立以能力为导向的评价体系，强调对学生实际操作能力、创新能力及团队协作能力的评价，而不仅仅依据理论考试成绩来评价。这要求在课程考核中引入实践项目、案例分析和技能竞赛等形式，确保质量评价的全面性和客观性。

学历教育与技能培训相结合的人才培养模式是高等职业教育创新的重要路径，通过理论与实践的深度融合、校企合作的深化以及师资队伍的双师化，旨在培养出既掌握扎实理论知识，又具备精湛技能，能够快速适应变化的就业市场的高素质技术技能人才。这种模式的推广与完善，将有助于我国高等职业教育质量的全面提高，进一步提升其国际竞争力。

四、产学研合作机制的构建与实施

产学研合作机制的构建与实施是高等职业教育创新和发展的重要组成部分，它旨在打破教育与产业之间的壁垒，实现资源共享、优势互补，培养出满足社会需求的高素质技术技能人才。这种机制强调在教学、科研和产业三者之间建立紧密联系，形成协同创新的生态系统。

产学研合作机制的构建需要政策的引导与支持。政府应出台鼓励校企合作的相关政策，如税收优惠、项目资助等，激发企业和教育机构合作的积极性。同时，完善职业教育立法，为产学研合作提供法律保障，明确各方权责，促进合作的规范化、制度化。

建立产学研合作平台和机制。高等职业院校应设立专门的校企合作办公室，负责与企业对接，组织各类合作项目，如共建实验室、设立实习基地、共同开发课程等。通过定期的校企交流会、研讨会，搭建信息交流的桥梁，促进双方需求的精准对接。

在课程设置上，应引入企业专家参与，设计符合行业需求的课程，融入实践案例和新技术。同时，开展“订单式”培养模式，企业直接参与人才培养方案的制订，确保毕业生能够快速适应工作岗位。此外，通过“双导师制”，让学生在理论学习的同时，接受企业导师的实践指导，提高其技能水平。

在教师队伍建设方面，鼓励教师定期到企业挂职锻炼，提升其行业经验和实践教学能力。同时，吸引企业高级技术人员和管理人员到高等职业院校兼职授课，将企业生产第一线的经验和知识传递给学生。在评价体系中，应将校企合作的参与程度、企业评价等纳入教师绩效考核，激励教师积极参与产学研合作。

在科研合作方面，高等职业院校和企业应共同承担科研项目，解决产业发展中的实际问题，推动技术创新。通过校企联合研发，促进科研成果的快速转化，反哺教学，提升教育的实践性和前沿性。

国际交流与合作是产学研合作的重要延伸。高等职业院校应积极开展国际产学研合作，引进国外的先进教育理念和产业实践，提高本土职业教育的国际化水平。这可以包括与国际企业、研究机构进行联合研发、师生互访、共同举办研讨会等形式的交流，以拓宽视野，提升教育的全球竞争力。

为了确保产学研合作机制的有效实施，需要建立持续的评价与改进机制。定期对合作效果进行评价，根据反馈结果调整合作策略，持续优化合作模式。这包括对学生的就业满意度、企业的合作满意度以及技术转化率等指标进行量化评价，以确保产学研合作机制的持续优化。

产学研合作机制的构建与实施是高等职业教育质量提高和创新发展的关键。通过政策引导、平台建设、课程改革、师资培养、科研合作和国际交流，高等职业院校可以更好地对接产业需求，培养高素质的技术技能人才，推动社会经济的可持续发展。

五、优化校企合作，扩展就业渠道

对学生关心、家长和社会关注的就业问题要高度重视。高等职业院校应尽可能多地引进用人单位，或者与企业开展合作进行对口教育，与企业建立长期的合作关系。通过积极为学生创造条件，争取企业进校合作，借助企业优质资源，为学生建立实训基地，或者与企业开展“订单式”培养模式，邀请企业的相关技术人员进校授课，提高学生的实际操作能力。同时，实行安置就业和自谋就业两条途径，扩大学生的就业范围和机会，在“宽进”中实现“严出”。通过这些措施让学生在高等职业院校得到充分的转化，学到真正的本领，顺利找到工作，不仅能使学生成才，让家长满意，还能促进高等职业院校的发展。高等职业院校发展得好，就会吸引更多学生慕名而来，从而使学校在同类院校竞争中处于不败之地。

六、加强教学常规管理，保持良好的教育教学秩序

1. 加强课程管理，提高课程实施水平

严格按照课程计划，开齐科目、开足课时、开好课程，加强校本、综合实践及音体美等课程的开发与管理。教导处严格落实巡课制度，督促教师严格执行课程计划，切实上好每一节课，发现问题，及时指出。

2. 健全教学常规管理制度，促进教学工作规范化

（1）细化教育教学环节的基本要求。严格执行备课、上课、作业管理。每个教师要根据课标的要求，并结合学科教材特点，制订本学期教学计划。坚持提前备课，加强集体备课，倡导集体备课与个人备课相结合。认真备好每一节课，杜绝不备课而去上课的现象，同组教师应相互听课、研讨，加强对青年教师的备课、上课指导。对于作业设计及批改，力求科学、客观、有效，作业批改要严格执行有关规定，做到精选、先做、批改、反馈。

（2）常规教学教研活动常态化。建立健全教研活动制度、集体备课制度、听评课制度、教研成果奖励制度、教科研活动保障制度等。

（3）定期开好教学工作专题分析会、研讨会。

（4）强化以班主任为核心的班级教学管理责任。认真抓好班主任建设工作，定期召开学生会、家长会。

第六章

现代职业教育中工匠精神的培育实践

第一节　校企合作模式下职业教育工匠精神的培育创新

一、转变“重技轻人”的价值取向

长期以来，职业教育更多地关注专业知识的传授和专业技能的训练，而对人的全面发展未给予足够重视。职业素质培养的缺失，使学生无形中被当成了技术的容器，试图将其培养成掌握实用技术技能的高级“机器人”，这体现了一种典型的“技能至上”功利主义理念，却偏离了育人的目的。这样的教育理念培养出来的人往往缺乏工匠精神，很难生产出高精尖的产品。高等职业院校应注重工匠精神的培育，在职业教育中深化文化育人的理念，将职业道德和人文素养教育贯穿人才培养的全过程，营造浓厚的工匠精神氛围，使学生在获得工具性知识和技能的同时，提升职业素养和精神。第一，通过课程教学、专题讲座和实习实践等形式，让学生了解工匠及工匠精神的内涵，以及其对经济建设和社会发展的重大意义。第二，通过传授完整的产业链知识与技艺，使学生了解产品改革和产业发展动向，感受工艺形成的历史文化，体会工艺的价值和工匠的地位。第三，还需改革评价标准，完成一项任务不再仅以“合不合格”为标准，而是以“完不完美”为要求，纠正追求“速成”的浮躁心理，培养学生专注持久的定力。

二、完善现代职业教育体系

1. 所有职业教育参与者都要在思想上重视工匠精神培育

职业教育管理部门、职业院校、教师和学生都是这一过程的关键参与者。首先，相关管理部门需要从战略高度提升工匠精神的理论意义，做好顶层设计，并制定合理的政策、措施和制度，确保工匠精神的顺利实施。其次，各类职业院校在进行人才培养时，应将工匠精神确实落实到人才培养方案中，培养符合社会经济高速发展的高素质技术技能人才，这是现代职业教育的重要特征。再次，作为具体施教者的职业教育教师应深刻理解工匠精神的内涵，并在课程讲授过程中注重自身工匠精神的体现，通过言传身教，让学生在潜移默化中理解工匠精神的意义及其对职业发展的作用，创造性地开展工匠精神培育。最后，职业院校的学生则需要坚定理想信念，产生职业敬畏感，提升对工匠精神的认知和认可，将其深入潜意识中，为未来的发展打下坚实基础。

2. 建立与工匠精神相关的数字资源库

随着科技的不断进步，手机、平板计算机和计算机网络已经融入生活。职业院校可以根据自身情况，建设相关的数字资源库，将与工匠精神相关的纪录片、图文资料、视频、电子书等教育资源放到网络平台上供学生学习。

3. 以赛促教、以赛促学

在职业教育中，各类技能竞赛非常常见，但竞赛训练和比赛过程中蕴含的工匠精神却常常被忽略。技能竞赛的训练和比赛过程本身就是一个一丝不苟、追求卓越的过程，与工匠精神高度契合。因此，职业院校在组织竞赛时应营造相关氛围，提炼和增强工匠精神的各类元素，使技能竞赛成为工匠精神培育的重要组成部分。

4. 在课程体系和课程标准中融入工匠精神

职业院校应对课程体系和标准进行改革，将工匠精神融入其中，这不仅能提高学生的职业道德和职业素养，更能提升其就业能力和适应未来职业岗位的能力。

5. 深化校企合作和产教融合

通过深入的校企合作，职业院校可以进行相应的制度改革、专业改革、课程改革、师资改革、评价体系改革和实习实训设备改造。以上改革措施可以实现学生在高等职业院校内完成企业岗位培训和学习，促进学生在岗位中应用专业技能、发扬工匠精神，强化其爱岗敬业精神和职业素养。

6. 重视企业文化建设

良好的企业文化是培育学徒工匠精神的首要条件，其导向作用为学徒工匠精神的培育指明方向，引导和规范学徒的行为。企业文化的约束作用，通过共同认可的价值观、经营理念和道德行为规范，潜移默化地规范学徒行为，为工匠精神的培育创造了良好环境。企业文化的激励作用将企业师父与学徒紧密联系在一起，为企业师父进一步指导教学提供动力支撑。在培育学徒工匠精神过程中，应依据系统框架科学推进企业文化建设，明确企业精益求精的奋斗目标，营造不断学习、合作创新的良好氛围，挖掘中华优秀传统文化成果，将工匠精神发扬光大。

7. 落实企业劳动规章制度，规范学徒生产管理

在学徒实习期间，企业应制定并严格执行相关规章制度，管理企业师父和学徒。良好的规章制度体现了企业对工匠精神的重视。首先，企业应以建立稳定和谐的劳动关系为基础，将人力资源的培养和使用放在首位。通过制定合理合法的规章制度，使学徒感受到强烈的归属感，调动其在实

训过程中的积极性，有助于工匠精神的养成。其次，明确岗位职责管理制度是非常有必要的。岗位职责对企业师父和学徒的工作提出了明确要求，是培训学徒、考核和支付薪酬的重要依据。通过这种制度，学徒在实际生产中学习技能，其生产成果也为企业所享有，因此，需要建立合理的工资分配制度，依法合理地支付学徒的酬劳，为工匠精神的培育提供资金保障。再次，建立合理合法的考勤制度也是必不可少的。对于全勤的学徒应给予一定的奖励，以激励其勤奋工作。最后，完善奖励与惩罚制度，确保工匠精神的培育。合理的奖励惩罚制度是重要手段，它不仅能够激发学徒的工作热情，还能帮助他们在实际生产中追求卓越，做到精益求精。在实际生产中，只有将产品或服务做到百分之百完美，产品质量才能称得上合格。因此，通过严格的劳动规章制度，企业能够有效管理学徒和企业师父，促进学徒在实训过程中养成工匠精神，从而提高企业的整体生产质量。

三、深入开展校企合作

随着工业社会的不断发展，传统学徒制中“言传身教”的传习方式逐渐式微。如今，高等职业院校的大规模培养成为主要途径，校企合作则成为培养技艺和塑造工匠精神的有效路径。校企合作是将传统学徒培训与现代教育相结合，联合培养社会所需高素质技术技能人才的一种职业教育模式。这种模式充分发挥了高等职业院校和企业在人才培养方面各自的优势，使学生在高等职业院校掌握理论知识的同时，能够在企业实践中接受企业文化和企业精神的熏陶，从而使学生得到全面的锻炼和培养，真正实现育人的目标。

校企合作作为发达国家发展职业教育的主导模式，被视为重要的国家发展战略。这些国家提供法律法规保障，建立相应的管理和监督机构，从制度上规范校企合作的实施。然而，这恰恰是我国在开展校企合作时所欠缺的。结合我国国情，首先，需要制定并完善有关校企合作的法律法规政策，对校企合作的利益主体、合作过程和监督评价等方面作出具体规范。其次，应联合多部门组建校企合作管理机构，统筹管理相关事项，使校企合作能够有序开展。此外，还应制定激励企业参与校企合作的政策措施，以提高企业的参与积极性。通过提高职业院校与企业合作的成效，使学生能够在实践中身体力行，做到知行合一，实现从知识、技能到素养、精神的高度融合，真正落实工匠精神的培育。这种全面的培养模式，不仅能够提高学生的职业素养和技能，还能帮助他们在职业生涯中更好地传承和发扬工匠精神，为社会培养出更多高素质、高技能的工匠型人才。

第二节　现代学徒制模式下职业教育工匠精神的培育创新

一、工匠精神与现代学徒制的内涵及关联性

1. 新时代工匠精神的深刻内涵

新时代的工匠精神是一种追求卓越、注重细节、承担责任的职业精神，这不仅是一种对工作和生活的态度，也是对自身能力和品质的不断追

求。工匠精神代表了追求完美和高品质的精神力量，体现了优秀的职业能力、道德与品质。追求卓越是工匠精神的重要内涵，意味着不满足于平庸，努力在工作和生活中做到最好。通过设立卓越的目标，不断提升自己的技术和能力，突破自我，实现改革创新，追求更高的品质和更好的结果。“细节决定成败”，只有以一种苛求完美的态度，对每个细节进行精雕细琢，才能打造出高品质的产品，最终取得卓越的成果。承担责任是工匠精神的另一个重要方面，意味着对工作和生活负责任。以高度的责任心，全力以赴，为了顾客的满意和社会的认可而努力。新时代的工匠精神体现了严谨细致、精雕细琢、追求卓越和勇于创新的品质，不仅传承了中国传统的工匠精神，还借鉴了国外的优秀经验，成为中华民族巨大的精神财富。全社会应当崇尚新时代的工匠精神，大力弘扬这种精神，推动社会进步和经济发展，创造更加美好的未来。通过全面贯彻新时代工匠精神，我们能够培养出更多具备高超技术和优良品德的人才，为社会和国家的长远发展注入强大的精神动力。

2. 现代学徒制的内涵

现代学徒制是一种新型的职业教育人才培养模式，是在批判和继承传统学徒制的基础上，由政府主导、企业参与、高等职业院校主办的教育模式。与传统学徒制不同，现代学徒制更加注重学生的全面发展，使他们能够更好地适应市场需求并提高就业竞争力。现代学徒制将高等教育与职业教育充分结合，解决了人才培养中理论与实践脱节的问题，有利于加快构建现代职业教育体系，是国际上职业教育发展的基本趋势和主导模式。现代学徒制源于德国，最初由职业培训与职业教育并轨而成，后来逐渐形成了以“双元制”为特色的职业教育体系。通过这一体系，德国培养了大量工匠型人才，推动了经济的飞速发展。德国“双元制”的巨大成功也得到了西方各国的广泛效仿，并取得了显著效果。在现代学徒制下，学生不仅在高等职业院校学习理论知识，还在企业中进行实践操作，接受企业文化和企业精神的熏陶。通过这种方式，学生得到了全面的锻炼和培养，真正达到了育人的目的。现代学徒制强调学生的职业素养和技能的培养，使他们能够在激烈的市场竞争中脱颖而出。结合我国国情，现代学徒制可以成为推动职业教育发展的重要途径。通过政府、企业和高等职业院校的合作，制定和完善相关政策和措施，推动现代学徒制的实施和发展，不仅可以提高学生的综合素质和就业能力，还能为社会培养更多高素质、高技能的技术人才。

3. 现代学徒制是工匠精神培育的载体

现代学徒制是一种将传统学徒训练与现代高等职业院校教育相结合的职业教育制度，旨在通过实际工作环境中的学习和实践操作来培养人才。以传承技艺为核心，现代学徒制不仅传承职业技能，还传承职业精神，是高等职业院校培育学生工匠精神的重要载体。校企深度融合、互利共赢是现代学徒制人才培养的基础。通过工学交替、岗位轮训等方式，校企共同参与学徒的教学与管理，以企业师父带徒弟的方式量身定制出符合企业需求的工匠型技术技能人才。学徒在企业大师的言传身教及企业现场的耳濡目染中，将工匠精神内化于心、外化于行，实现工匠精神的传承与创新。通过这种方式，学徒不仅学会了技术，更深刻理解了工匠精神的内涵，使之在实际工作中不断发扬光大。

二、基于现代学徒制培育高职学生工匠精神的路径

1. 加强顶层设计，完善保障措施

规范工匠精神培育制度，制定法律法规保障技术技艺传承。不管是工

匠精神的培育，还是校企之间的深度合作，都需要全社会的接受和国家相关政策与规定的有效保障。国家在制定相关政策时，应将“以人为本、终身学习”的理念作为政策的出发点和落脚点。职业教育作为促进社会经济发展的重要手段，对国家及区域经济发展作出了巨大贡献，但职业教育与普通教育一样，是整个教育系统的有机组成部分。在将职业教育作为经济发展加速器的同时，也不能忽视对人全面发展的重视。职业教育的发展应当更多关注人的发展诉求，从“职业”转向“人”，从“单一经济价值”转向“多重社会效益”。

工匠精神培育作为职业教育的一部分，应将人的发展放在首位。除了提升学生的道德品质，工匠精神培育最重要的是发展职业能力。职业能力从作用上划分，分为当下所要求具备的技术与能力和为适应以后职业发展变化而应具备的能力。前者是当前应具备的基本技能，后者则是步入社会后需要具备的持续学习能力。因此，终身学习的理念成为培养后者的重要指导思想。学生所具备的工匠精神不仅能支撑其度过整个学生时代，更能使其在应对多变社会时具备相应的能力。在政策中践行“以人为本、终身学习”的理念，为工匠精神的培育提供政策依据。现代学徒制中工匠精神的培育，首先，需要企业与高等职业院校双方共同参与、相互协作，明确双方在技能型人才培养中所扮演的角色，厘清每个角色的职责与义务，加强双方职责并落实监管，确保培养制度得以顺利实施。地方政府应根据国家相关政策出台相关文件和行动规划，做好工匠精神培育的指引，在健全制度和落实措施方面做好设计。其次，应修订职业教育培养目标及规范，将工匠精神培育纳入职业院校学生教育范畴，将职业规划与素质教育纳入技能型人才培养体系之中，明确工匠精神培育目标，不仅要关注高就业率，更要注重职业院校学生工匠精神和可持续发展能力的培养。最后，从法律层面完善工匠技艺的知识产权保护制度，保护工匠的合法权益。通过建立工匠技艺知识产权保护制度，用法律手段保护工匠的知识产权与技术专利，从而在社会大环境下强化工匠精神建设。

2. 丰富校园文化，打造培育氛围

校园文化熏陶实际上是培养学生美育的过程。在全面发展教育中，德育、智育、体育和美育具有内在必然联系，工匠精神的内涵实现了学生德智体的全面发展。对于美育的培养，则需要加强校园文化建设，以实现人的全面发展。马克思曾提到关于人的全面发展的要求及其途径："人在创造社会物质财富和精神财富的同时，也培养、创造着自己本身，完善自己的能力与才干，扩大自己交往的范围，产生新的需要与满足需要的手段。"这说明，人的活动的主要结果应该是人的自身发展。而校园文化建设正体现了这种改造主观世界与客观世界的统一。

职业院校的校园不仅是一个教育环境，也是一个文化环境。因此，校园文化建设也是一个选择文化的过程。根据社会经济发展需求与文化选择，高职校园中需要加强工匠精神文化建设，将其作为技能型人才培养与工匠精神培育的价值取向。职业院校校园文化是一个有机整体，包括物质文化、精神文化、制度文化和行为文化四部分。这四部分因功能不同在校园文化中的作用也各不相同。物质文化主要指校园中的各类硬件设施、功能性场所及校园环境；行为文化是指校园主体在高等职业院校内开展的各类活动；制度文化是一种约束或规范，涉及不同受众群体的各类规章制度和准则条例；精神文化作为校园文化的核心，包含了高等职业院校的历史传统、目标理念和人文情怀。在工匠精神培育背景下建设高职校园文化，应将四部分加以整合，发挥协同作用，共同促进学生工匠精神的养成。具体可以从以下几个方面着手：一是加大工匠精神在职业院校中的宣传力度。通过高等职业院校发布相关政策文件保障工匠精神的宣传，同时将工匠精神内涵融入校风、校训中，加强实习实训中的规范管理。二是教师和其他高等职业院校工作人员应以身作则，在工作中真正做到精益求精、严谨专注，以实际行动体现工匠精神。三是在校园中竖立相关工匠雕像或宣传标语，让学生随时随地感受到工匠精神的力量和价值。四是举办弘扬工匠精神的讲座、演出、黑板报、征文比赛、演讲比赛等，通过收集和展示相关资料，让学生感受工匠精神的价值和重要性。五是开展有关工匠精神的实践活动，通过对优秀劳动人民或精美艺术的社会调查，使学生感受到将技艺或服务做到极致的美妙和成就感。

3. 优化课程设置，创新课程评价

课程既是教育思想的集中体现，也是高等职业院校教育教学工作的基本依据。工匠精神作为时代价值的依托，对培养高素质高技能人才具有推动作用。因此，高等职业院校开设相关工匠精神课程，在其他课程中渗透工匠精神的相关知识是非常必要的。在认知层面上，有助于高职师生对工匠精神的理解，体会工匠精神所蕴含的意义与价值，激发学生在实际生产中不断践行工匠精神。第一，要树立积极的课程开发价值取向和课程内容观念。开发工匠精神相关课程时，要树立“以人为本”的理念。工匠精神不仅是将技艺做到精益求精，在现代背景下，更强调合作、创新的精神和人文精神，重视学生自身发展。第二，在原有课程基础上对课程设计进行创新，不仅要开设工匠精神专门课程，还要在专业课与基础课中渗透工匠精神内容。将岗位所需要的职业素养、职业技能和职业精神内化到高等职业院校教材中，并融入教师教学中。采取多样的教学方法，使学生易于理解与掌握，体现现代学徒制的人才培养特色。第三，提高课程实施人员尤其是教师的课程教学能力和课程开发技术水平。教师作为课程实施的主力军，对课程中各种问题都应了如指掌。因此，教师的课程开发技术水平直接关系到工匠精神相关课程设置与改革的质量。应对教师进行职业教育课程开发技术培训，使其掌握工匠精神相关知识，为开发出优秀的工匠精神课程而努力。

评价考核作为评价教学质量和评价学生学习情况的主要手段，对于完善工匠精神培育具有特殊意义。现有的评价机制未能满足人才培养的需要，因此，急需变革高职学生评价体系与考核机制。提高教师专业教育水平、学生实践能力及职业素养的考核与评价。在现代学徒制中评价高职学生的工匠精神培育情况，要突破以往以基本就业能力为主的评价方式，强调对学生核心技能、专业素养、创新能力、合作精神和自主学习能力等方面的评价。过程评价与终结评价相结合，强调学生在学习过程中的素质与技能的输出与进步。教师也应在教学过程中不断进行自我评价，总结教学经验，听取学生与其他教师的意见，在不断改进中提高培养学生工匠精神的能力。与此同时，高等职业院校应积极开设相关技能竞赛、团队活动、创新活动、每周匠人比拼等，激励高职学生提高职业素养与专业能力，引导学生将工匠精神内涵作为日常生活与工作中的行为准则。

4. 整合工具理性与价值理性，推进工匠精神培育

工匠精神的培育需要建立在人主体价值之上，而不是工具价值之上。若将工匠精神建立在工具价值之上，职业教育将变成“人之为物”的教育，使人的生命价值隶属于有用价值。工具理性与价值理性的融合是职业教育的本质，两者统一于高职育人的全过程，内涵与功能互补、互通、互动，共同推进高职学生工匠精神的培育。马克斯·韦伯提出了工具理性与价值理性的概念。工具理性是通过外界事物的情况和其他人的举止期待，

并利用这种期待作为“条件”或“手段”，以期实现自己合乎理性所争取和考虑的目的。价值理性是通过对一个特定行为的无条件信仰，而不管其是否成功。这种行为可以是伦理的、美学的、宗教的或作任何其他阐释的固有价值。工具理性强调功利的目的和作用最大化，是在具体问题上有效使用工具时体现的合理性；价值理性侧重于道德回归，不考虑实际收益，更多强调人的精神价值。因此，工具理性与价值理性是一个物质的两个方面，并不是对立的双方。工具理性通过科学发展、技术操作为人类发展提供物质基础，价值理性通过人文关怀为人类发展提供精神支撑，两者互为目的与条件，共同促进科学技术进步和人的发展。工匠精神的内涵实际上是工具理性与价值理性整合的结果。精益求精、严谨专注是在技术层面对学生提出的具体要求，而勇于创新、协同合作和尽善尽美则是在文化层面对学生的关怀。只有工具理性与价值理性相结合的工匠精神，才能提高高职学生的就业能力与可持续发展能力，培养出一批快速适应社会发展的高素质技术技能人才。将人文教育、专业教育与实践操作训练相结合是在现代学徒制中培育高职学生工匠精神的有效途径。

以整合工具理性与价值理性为基础，保持现代学徒制人才培养模式的优势与特色，创新职业院校素质教育，实现高等职业院校可持续发展的目标。首先，改革专业教育，将价值理性融入专业教育过程中。在专业教育中培养学生的专业知识与技能的同时，融合职业道德相关知识。职业道德的渗透是高等职业院校培育工匠精神的特色所在。同时，应在专业教学评价中加入道德、情感、审美等方面的评价，培养教师与学生发现美、鉴赏美的能力。其次，优化教学内容。以价值理性为导向、以工具理性与价值理性融合为主线设计教学内容，改变工匠精神培育中技术教育与素质教育分割的局面。最后，搭建人文价值与工具价值相融合的实践平台。创新人才培养模式要“注重知行合一，坚持教育教学与生产劳动、社会实践相结合”。工匠精神的培育要求学生不仅要在实践中提升技术，还要培养勇于创新、团结协作的能力，并将敬业乐业内化为工作信念，实现“做人”与“做事”的统一。

这样，不仅能培养出高素质技术技能型人才，还能促进他们在未来职业生涯中持续发展，为社会经济发展提供坚实的人才基础。

5. 构建现代学徒制校企联盟

校企深度合作是培育工匠精神的关键。根据“互利共赢”的合作理念，环境工程技术专业与四家大型环保企业共建环境工程技术专业现代学徒制校企联盟。明确校企双方的责、权、利，探索建立基于产权制度和利益共享机制的校企合作运行机制。在人员互聘、双师建设、学生培养、课程建设、技术创新、资源开发及文化传承等各方面，校企围绕“双主体”育人、“双导师”协作、“双身份”管理、“双证书”考核，开展全方位、立体式合作，真正实现资源共享、双师共育、全程共管、责任共担、技术共研，推进教育链、人才链与产业链、创新链的有机衔接。通过这种模式，校企双方不仅能够共同提高教学质量和技术水平，还能培养出具有工匠精神的高素质技能型人才，确保学生在实际工作中能够不断践行和发扬工匠精神。

6. 构建融入工匠精神培育的现代学徒制人才培养体系

依托现代学徒制校企联盟，成立现代学徒制工作小组，成员包括职业教育专家学者、企业大师、高等职业院校领导及专业教师等。在专业建设指导委员会的指导下，学徒制工作小组负责，坚持课程体系与职业岗位群对接、课程内容与岗位工作任务对接、教学过程与岗位工作过程对接、评价标准与职业标准对接、毕业证书与职业资格证书对接，校企共同研究构建融入工匠精神培育的现代学徒制人才培养体系。

（1）基于环保产业链设置专业主干课程

环保产业链包括环保咨询、环保设备、环保工程、环保运营等领域。根据这些领域的需求，设置环境工程技术专业主干课程，涵盖水、气、声、土壤及固废监测，环境污染治理技术，环保设备安装与维护，环保工程实施与管理，环境影响评价等。这些课程不仅符合产业需求，还能有效培养学生的专业技能和工匠精神。

（2）构建人才培养质量监控体系

围绕企业用人标准和岗位技能要求，参照高等职业院校的教学管理制度，校企共同研究制定现代学徒制人才培养的教学管理、质量监控和评价考核等相关规章制度。全面建立常态化的教学工作诊断与改进制度，构建现代学徒制人才培养质量监控体系，保障学徒培养质量。通过系统化的管理和监控，确保人才培养符合企业和社会的需求，提高学生的职业素养和技能水平。

（3）改革考核评价模式

推行"学历证书+职业技能等级证书"的"双证书"制度，以全面提高学徒的职业素养和技能水平。职业技能等级证书包括水环境监测工、化学检验工、水生产（工业废水）处理工、工业废气治理工、"1+X"污水处理和水环境监测与治理等。针对学徒的特殊身份，采用多元化的评价方式，将理论与操作、线上与线下、过程与终结、定性与定量相结合，探索增值评价。建立并完善以专业知识为基础、以职业能力为核心、以职业素养和工匠精神为主线的考核评价体系。校企双方及第三方机构严格按照考核标准，对学徒进行全方位、全过程的考核评价，使学徒在努力达标的过程中涵养工匠精神。通过深化德技并修、工学结合、课证融通的现代学徒制人才培养模式改革，充分发挥高等职业院校与企业育人的“双主体”作用。

(4) 系统设计课程思政

以岗位需求为背景，结合专业课程内容，围绕“家国情怀、生态环保、职业素养和工匠精神”等挖掘环保行业特有的思政元素，系统设计课程思政。将环保案例、大国工匠典型事迹等融入教学内容，讲好中国故事，引导学生去思考、去感悟，激发学生的爱国情、责任心和工匠魂，达到润物细无声的育人效果。通过课程思政的系统设计，使学生在学习专业知识和技能的同时，树立正确的价值观，培养高尚的职业道德和工匠精神，为未来的职业发展奠定坚实的基础。

三、构建融入工匠精神培育的现代学徒制课程体系

按照“岗位定位、任务分析、能力描述、课程支撑”的原则，对接环境工程技术专业的污水（废水）处理工职业资格证书、环境监测员证书、“1+X”污水处理职业技能等级证书，遵循学生认知发展规律和职业能力发展规律，构建“人文素养养成模块+专业基础技能模块+专业核心技能模块+学徒个人职业发展模块”的现代学徒制课程体系。

1. 人文素养养成模块

人文素养养成模块的主要课程包括毛泽东思想和中国特色社会主义理论体系概论、道德与法律、形势与政策、体育、军事、心理健康、创新创业、职业规划、口语交际、礼仪文化、文学艺术修养、劳动教育等。这些课程不仅旨在培养学生基本的思想道德品质，更重要的是为学生铸造匠魂、育成匠心、塑造匠韵，从而为工匠精神的培育打下坚实的基础。

2. 专业基础技能模块

专业基础技能模块的主要课程包括环境保护概论、环境管理与法规、电子电工技术、化工安全通识教育、交际及专业英语、监测质量保证、无机及分析测试技术、环境有机化学、仪器分析测试技术、环境微生物、环境工程 CAD、PLC 控制技术、数字环保基础等。这些课程主要培养学生的基本专业素养、学科思维及解决实际问题的能力。其中有少数课程涉及实践操作技能，需要到企业由企业师父指导完成核心技能的训练。通过这些课程，学生不仅能够掌握理论知识，还能提升实际操作能力，以适应未来工作岗位的需求。

3. 专业核心技能模块

环境工程技术专业的核心技能包括水、气、声、土壤及固废环境监测与治理技术。主要课程有水环境监测、大气环境监测、物理性污染监测、土壤及固废污染监测、环保设备安装与维护、水污染治理技术、大气污染治理技术、固体废物利用处置、土壤污染修复技术、物理性污染控制技术等。这些课程大部分需要在企业岗位上完成核心技能的训练。通过这些专业核心技能课程，学生能够建立扎实的专业知识基础，掌握相关专业领域的核心概念、理论及技能，为未来的职业发展打下坚实的基础。

4. 学徒个人职业发展模块

环境工程技术专业的就业岗位主要包括环境监测、环境污染治理、环保运维、环保咨询等。根据岗位需求，设置 4 个方向的学徒个人职业发展模块，每个模块包含若干对应核心课程。学徒可以根据自己的特长、爱好及市场需求选择个人职业发展模块，并在企业对应岗位完成课程的深化学习及岗位技能的培养，实现高等职业院校与企业“无缝衔接”。通过企业现场的实际操作和企业师父的言传身教，学徒在潜移默化中厚植工匠精神，提高综合职业素养和实践能力。

四、校企合作开展工匠精神培育实践

在现代学徒制校企联盟框架内，坚持以培育学生工匠精神为目标，按照“学徒工→初级工→熟练工→技术工”的人才培养总体思路，将教学过程与生产过程对接，教学内容与岗位工作任务对接，以提高人才培养质量。

1. 开展大、小“双循环”教学模式

学徒首先在校内完成包括人文素养类课程在内的理论知识学习和基础实践训练。接着，他们到联盟企业的岗位上进行核心技能的训练。完成这一阶段后，学徒再次返回高等职业院校，继续学习专业核心课程的理论知识和基础实践内容。之后，他们再次进入联盟企业岗位，进行进一步的核心技能训练。

在企业内，学徒会在环境采样、环境监测、废水治理、废气治理等不同岗位之间进行轮训，以全面掌握各项技能。由于各联盟企业的业务范围和岗位类别不同，学徒还需在不同企业的不同岗位之间进行轮训。最终，形成“大循环”和“小循环”相结合的教学模式。大循环是指学徒在高等职业院校与企业之间的循环学习和实践；小循环是指学徒在同一企业的不同岗位，以及不同企业的不同岗位之间的轮训。这种“双循环”模式确保了学徒能够在理论与实践的结合中，不断提升自身的专业技能和工匠精神。

2. 开展“双导师”育人模式

在学徒培养过程中，始终贯穿“双导师”育人模式。校内导师负责

传授专业理论知识，企业导师则提供实践指导。通过企业实践，学徒不仅能熟练掌握专业知识和职业技能，还能提升服务意识、创新能力及职业品质等。校企双方对学徒培养全过程进行动态管理和严格考核，及时发现和解决培养过程中存在的问题和不足，促进专业与产业、学业与职业、课程与岗位、技能与大赛、学历证书与职业技能等级证书的相互融通，从而加快培养更多高素质技术技能人才、能工巧匠和大国工匠。为了确保“双导师”育人模式的有效实施和学徒培养质量的持续提高，校企双方需对学徒培养全过程进行动态管理和严格考核。这包括制订详细的培养计划、建立科学的评价体系、实施定期的考核与反馈等。校企双方需保持密切沟通，共同解决培养过程中遇到的问题和困难，确保教学计划与市场需求的高度契合。同时，通过引入第三方评价机构、开展技能竞赛、实施职业技能等级认证等方式，为学徒搭建起从校园到职场的无缝对接桥梁。

3. 实行“双标准”考核模式

学徒完成培养后，按照高等职业院校和企业的考核评价标准，包括岗位技能、职业技能、职业资格等标准，校企双方联合第三方评价机构对学徒的专业知识、技术水平、工作能力、职业素养及职业精神等进行全面考核。考核合格后，学徒将获得职业技术等级证书和毕业证书。学徒在双向选择的基础上，优先与联盟企业签订劳动合同。通过“双标准”考核模式，确保学徒不仅具备扎实的理论知识和实践能力，还能在职业生涯中展现出优良的职业素养和工匠精神。

第三节 岗位导向模式下职业教育工匠精神的培养创新

一、岗位导向模式下职业教育工匠精神培训路径

在当今社会，随着产业结构的优化升级与经济高质量发展的迫切需求，工匠精神作为一种职业素养与精神内核，其重要性日益凸显。尤其在高等职业教育领域，如何将工匠精神融入教育教学全过程，构建科学、有效的培育机制，为社会输送具备精湛技艺与敬业精神的专业人才，已成为高等职业教育的重要课题。笔者以高等职业教育为背景，深入探讨工匠精神在其中的培育路径。

1. 需要明确什么是“工匠精神”

工匠精神并非仅仅是对技艺的精益求精，更是一种对职业的敬畏之心、对工作的执着热爱以及对品质的极致追求。它涵盖了敬业、精益、专注、创新等诸多元素，是现代职业教育体系中不可或缺的价值导向。在中等职业教育中，培养工匠精神不仅是提升学生职业技能的关键，更是引导他们树立正确职业观、塑造良好职业道德、实现个体价值与社会价值相统一的重要途径。

培育工匠精神，首要在于课程体系的构建与优化。高等职业教育应立足于专业特点与市场需求，将工匠精神融入课程设计之中。一方面，基础

技能课程应注重实践操作与理论知识的深度融合，通过模拟真实工作场景、引入企业项目等方式，让学生在“做中学”中领悟工匠精神的内涵，培养严谨细致的操作习惯与精益求精的工作态度。另一方面，职业素养课程应强化对工匠精神的理论解读与案例剖析，引导学生理解和认同敬业乐群、追求卓越的职业价值观，激发其内在的学习动力与创新意识。

2. 师资队伍是培育工匠精神的关键力量

在高等职业教育这片沃土上，教师不仅是知识的传播者，更是学生心灵的塑造者和工匠精神的引路人。他们的职业素养与教学行为，如同灯塔一般，照亮学生前行的道路，引导学生树立正确的职业观和价值观，并且对工匠精神的认知与践行产生了深远影响。为了培养出一批批具备工匠精神的高素质技术技能人才，高等职业院校必须将提升教师队伍的工匠精神素养置于重要位置。这不仅是对教师个人成长的要求，更是对高等职业教育使命与责任的担当。具体而言，高等职业院校应采取多种措施，全方位、多层次地提升教师的工匠精神素养。第一，定期培训是提升教师职业素养和技术能力的重要途径。高等职业院校应定期组织教师参加专业技能培训、行业前沿讲座和教学方法研讨会，使教师能够紧跟时代步伐，掌握行业最新动态和技术发展趋势。通过这些培训，教师可以不断更新知识结构，提升实践教学能力，为学生提供更加贴近实际、富有前瞻性的教学内容。第二，学术交流是促进教师间思想碰撞、经验分享的有效方式。高等职业院校应积极搭建学术交流平台，鼓励教师参与国内外学术会议、研讨会和课题研究，与同行专家学者进行深入交流。这种跨学科的交流不仅有助于拓宽教师的学术视野，还能激发教师的创新思维和研究热情，为工匠精神的培育注入新的活力。

3. 校企合作是培育工匠精神的有效载体

高等职业教育应积极对接行业企业，构建产教融合、校企协同的育人模式。通过设立企业冠名班、共建实训基地、开展“订单班”培养等方式，让学生在真实的工作环境中接受职业熏陶，感受工匠精神的生动实践。企业导师的现场指导、企业文化的深度融入，能使学生切实体会到工匠精神在实际工作中的价值体现，从而增强其对工匠精神的认同感与践行力。

4. 评价机制的改革也是推动工匠精神培育的重要一环

高职职业院校应打破传统的以知识考核为主的评价体系，引入过程评价、能力评价、成果评价等多种方式，突出对学生实践能力、创新思维、职业道德等方面的考查。同时，设立“工匠之星”“技能标兵”等荣誉奖项，表彰在技能竞赛、创新创业、社会服务等方面展现出工匠精神的学生，形成崇尚技能、尊重工匠的良好氛围。

总的来说，工匠精神在高等职业教育中的培育是一项系统工程，需要从课程设置、师资建设、校企合作、评价机制等多个层面进行全方位、深层次的改革与创新。只有这样，才能真正培养出一批具备精湛技艺、敬业精神与创新思维的高素质技能型人才，为社会经济发展提供有力的人才支撑。

二、培养工匠精神的要求

高等职业院校以其前瞻的教育理念、务实的教学实践，在工匠精神培育方面做出了积极而富有成效的努力。高等职业院校遵循“以德为先，技精立业”的育人方针，精心打造了与市场需求紧密对接的专业课程体系，拥有一支兼具深厚理论功底与丰富实践经验的“双师型”教师队伍，与多家知名企业建立了深度合作关系，为学生提供了丰富的实习实训平台。同时，高等职业院校积极探索多元评价方式，设立各类技能竞赛与荣誉奖项，激励学生积极践行工匠精神。高等职业院校应以其独特的教育魅力，为培养新时代工匠精神的传承者与实践者贡献力量。

1. 与人才培育要求相契合

在社会经济蓬勃发展的背景下，汽车领域拥有良好的发展前景，汽车行业产业结构升级和发展方向转型成为必然趋势。为满足汽车市场发展需求，技工院校汽车专业学生除了要掌握扎实的基本功和熟练的操作技能，还应具备一定的工匠精神。因此，教师应在岗位导向下重新规划汽车人才培育方向和目标，在开展课堂活动的同时，注重学生的道德品质和精神素养培育，将职业道德和敬业精神的培养纳入人才培育方案，以提高学生的综合水平。教师在明确人才培育目标时，应将教学内容与“工匠精神”有效融合，为专业建设和课程创新提供新思路和指导，从而为汽车行业发展输送高素质、高品质、高水平的汽车技能人才。汽车专业课程内容繁杂、专业性强、应用性高，教师不仅要掌握基本的理论知识，还应树立正确的道德观念和品质内涵，以切实提高学生的社会核心竞争力。通过这种综合培养方式，技工院校能够更好地适应市场需求，培养出具备专业技能和工匠精神的优秀汽车人才，推动汽车行业的持续发展。

2. 与岗位技能需求相契合

随着汽车领域的不断升级和创新，市场竞争日益激烈使得汽车专业人才面临更加严峻的就业形势。为提升学生的社会核心竞争力，技工院校需要结合岗位工作内容和技能需求来完善人才培育方案。教师应教授学生基础的诊断技能、维修技巧、组装技术，并着重培养学生精益求精的职业态度，向他们灌输工匠精神的基本要求，从而提高消费者对服务的满意度。

对于一些较难的汽车专业技能，学生应形成不断探索和学习的钻研精神，以坚韧的品质和负责的态度深入学习专业技术，不断提高自身的业务水平。总体而言，教师在人才培育过程中融入工匠精神，与岗位技能需求相契合，能够切实提高学生的择业能力，确保他们在激烈的市场竞争中具备明显的优势。通过这种方式，技工院校不仅能培养出具备高超技术和职业素养的汽车专业人才，还能促进汽车行业的持续发展和进步。

3. 与专业就业方向相契合

在激烈的汽车市场竞争背景下，教师应结合岗位需求设置符合就业方向和行业需求的课程内容和培育方案，并自然地将工匠精神渗透其中，以缓解学生毕业时的择业压力，使其更容易获得期望岗位的认可。尤其对于汽车企业来说，具有职业素养和专业技能的人才更受青睐。因此，教师需要为学生创设浓厚的工匠精神培育氛围，使学生在这种环境的熏陶下，潜移默化地提高职业素养和职业能力，从而在择业中获得竞争优势。通过在校期间的工匠精神培养，学生能够更快适应岗位工作，为长远发展奠定坚实基础。这不仅有助于学生个人职业发展，也为汽车行业输送了高素质、高技能的专业人才，推动了行业的持续进步。

4. 营造培育工匠精神的文化氛围

在创设文化氛围之前，汽车专业教师应首先了解工匠精神的具体表现。例如，在岗位上践行认真负责、爱岗敬业、开拓进取以及精益求精的态度。教师在落实人才培育工作的过程中，需要向学生明确工匠精神在专业建设和行业发展中的重要作用，并在这一精神的引导下推进教学改革进程，从而为学生积极创设具有文化内涵深度的教育环境。

在培育工匠精神的过程中，教师应建设和培育一种能够引导学生获得强烈职业认同感和责任感的文化氛围，依托文化载体来培养他们的职业道德与精神。例如，教师可以带领学生了解和理解德国汽车制造业的文化，讲述德国人从一颗螺丝钉到整个汽车架构的制造都是精益求精和认真负责的故事；或者通过讲述汽车工业生产过程中细腻的手工工艺，展示其中蕴含的多年历史传承的一丝不苟和严谨专注的工匠精神。教师可以通过营造浓厚的汽车文化氛围，潜移默化地影响学生，使其在这种氛围中形成工匠精神。通过这种文化熏陶，学生不仅能够提高专业技能，还能在职业道德和精神层面得到全面提升，从而为他们未来的职业发展打下坚实基础。这种文化氛围的建设，有助于学生在实际工作中践行工匠精神，推动行业的进步与发展。

5. 构建培育工匠精神的课程体系

技工院校汽车专业教师应在岗位导向下积极参与工匠精神培育课程体系的构建。首先，应围绕工匠精神开设职业精神和职业道德培育课程，并将其纳入公共基础课程体系。通过这些课程，引导学生感知、领悟并学习工匠精神，激发学生自觉践行工匠精神的意识和驱动力。其次，教师需要结合实际岗位需求完善专业理论课程体系。可以将“任务驱动”教学模式引入实践课堂，结合岗位工作内容和技能需求设计教学环节，将工匠精神融入各个教学环境，使学生在理论知识教学和技能训练中逐渐形成岗位态度和职业道德，从而实现对学生的影响和塑造。最后，在培育工匠精神的过程中，教师应意识到实践教学活动应以岗位需求为引导，为了提高学生的岗位竞争力和职业综合素养，技工院校应适当调整实训教学课程的次数和时间，给学生预留足够的时间进行独立学习和研究。同时，院校还应结合一线岗位技术与设备要求构建模拟工作基地，使学生沉浸其中，了解汽车维修、汽车装配及汽车营销等各岗位的实际运行流程和注意事项，使学生在实践锻炼中丰富工作经验，完善工匠精神，为后续步入岗位奠定基础。通过这种综合的课程体系，技工院校能够全面培养学生的专业知识、职业技能和工匠精神，使其在未来的职业生涯中具备较强的竞争力和职业素养，为汽车行业输送高素质、高水平的技能人才。

6. 开发培育工匠精神的教学资源

为了使工匠精神培育工作更具有专业性和系统性，高等职业院校应积极开发相关教学资源。首先，应不断积累体验性素材，丰富教学资源库。针对不同教学方向的资源，可以分为解释性、描述性以及延伸性等教学素材，在整理和归纳过程中有效融入工匠精神，实现工匠精神培育载体的多元化。其次，需要结合学生的实际需求融入企业文化。教师应根据学生的现状构建汽车专业教学资源平台，并将工匠精神融入教学模块设计中，使学生感知企业文化，领悟工匠精神，实现工匠精神培育与课程教学活动的有机融合。最后，教师应积极参与科研教学，为学生树立工匠形象，并以身作则，引导学生将职业精神内化并付诸实践。树立正确的培育观念，培养良好的职业素养，适应快速变化的职业要求，是促进学生在快节奏生活中实现个人价值和可持续发展的有效途径。

在高等职业教育视角下，学生的工匠精神培养已成为时代的诉求，它的作用不断凸显，其培育水平的高低直接关系到现代学徒制人才培养的质量。2019 年出台的《国家职业教育改革实施方案》，明确将现代学徒制作为培育学生工匠精神的重要途径，对工匠精神的培育提出了更为具体的要求。在现代学徒制中，高职学生工匠精神培育质量的提高首要前提是校企双方的通力合作。如何提高双主体培育工匠精神的质量，已成为现实的迫切需求。因此，高等职业院校与企业应共同面对，探索双主体共同培育学生工匠精神的最佳路径。通过这种全面、系统的资源开发和教学设计，院校可以为学生提供更丰富的学习材料和实践机会，使其在实际操作中领悟和践行工匠精神，从而在未来的职业生涯中表现出色，成为高素质、高技能的专业人才。

参考文献

[1]杨剑,石孝宇,郭正茂,等.新时代我国青少年体育政策注意力配置及演进:基于LDA主题模型的政策文本分析[J/OL].体育学研究,2024,38(3):77-88[2024-05-28].

[2]冯延欢,孔令淞,项惟祎,等.临床医学专业本科“四早三进”教育模式的探索与实践[J/OL].华西医学,2024,39(5):793-797[2024-05-28].

[3]杨彦军,张胜歌.全球视野中的教育数字化转型战略研究:基于25份教育数字化转型政策文本的分析[J/OL].电化教育研究,2024,45(6):41-49[2024-05-28].

[4]唐琼,孙健.新质生产力促进城乡区域协调发展的机理与路径[J/OL].湖南社会科学,2024(3):31-40[2024-05-28].

[5]祝智庭,金志杰,戴岭,等.数智赋能高等教育新质发展:GAI技术时代的教师新作为[J/OL].电化教育研究,2024,45(6):5-13[2024-05-28].

[6]王世凯.国家语言治理主体的构成及其角色定位与角色关系[J/OL].克拉玛依学刊,1-9[2024-05-28].

[7]洪宇,陈秧分,刘坚.中国不同区域的农业现代化路径选择:基于技术诱导理论与发达国家经验[J/OL].农业现代化研究,2024,45(3):355-365[2024-05-28].

[8]宋凤轩,刘莹,竭红云.共同富裕理念下职业教育权责划分研究[J/OL].会计之友,2024(12):116-122[2024-05-28].

[9]谢良才.新质生产力背景下职业教育助力绿色技能人才培养[J/OL].当代职业教育,2024(3):23-29[2024-05-28].

[10]彭海虹,贾红彬,张永.乡村振兴战略下农村社区教育发展的价值、挑战及路径[J].成人教育,2024,44(6):20-26.

[11]陈文娇,刘巧巧.老年教育券:促进老年教育高质量发展的一种制度创新[J].成人教育,2024,44(6):35-40.

[12]胡央波.困境与突破:生态位视阈下开放大学发展的进路选择及实现[J].成人教育,2024,44(6):41-48.

[13]高玉英.中国式职业教育现代化赋能学习型大国建设的价值意蕴、机制构建与实践路径[J].成人教育,2024,44(6):62-68.

[14]王棒.职业教育高质量发展的障碍及其突破:企业育人主体的视角[J].成人教育,2024,44(6):69-75.

[15]王沐阳,杨盼.美国非学位证书的产生背景、实施框架与发展趋势[J].成人教育,2024,44(6):85-93.

[16]丁孝智,柯国凤.构建基于职业素养的高等职业院校"1+4"人才培养体系:广东亚视演艺职业学院的思考和探索[J].肇庆学院学报,2024,45(3):41-47.

[17]吴军超.应对全球教育治理的中国经验与路径优化探析[J].黑龙江教育(理论与实践),2024(6):39-43.

[18]李莹莹.基于产教融合的高校思政教育与劳动教育协同育人研究[J].陕西教育(高教),2024(6):43-45.

[19]段瑞芳.基于"中特高"建设背景的道路桥梁工程技术专业群建设[J].

陕西教育(高教),2024(6):76-78.

[20]王颖如,闫娟."PCK"视域下高职学前教育专业混合式教学模式探索与实践[J].陕西教育(高教),2024(6):82-84.

[21]Háša S,Houdek P. Managerial taboos:How the ideal of a manager may harm people and organizations[J]. The International Journal of Management Education,2024,22(2):100992.

[22]Mamo T,Couto S P,Riyami A A,et al. CAREER DEVELOPMENT GAPS AND OPPORTUNITIES:RESULTS OF THE 2023 WORKFORCE SURVEY PERFORMED BY THE ISCT EARLY-STAGE PROFESSIONALS (ESP) COMMITTEE[J]. Cytotherapy,2024,26(6S):e21-e22.

[23]Tat N T B,Bui Q M,Ngo M V . Automating attendance management in human resources:A design science approach using computer vision and facial recognition[J]. International Journal of Information Management Data Insights,2024,4(2):100253.

[24]Walsh K,Manochakian R,Schwartz J,et al. Launching an international community of practice in hematology/oncology medical education[J]. American Society of Clinical Oncology educational book. American Society of Clinical Oncology. Annual Meeting,2024,44(3):e100046-e100046.

[25]Bao C,Yan P,Jian T,et al. How negative workplace gossip undermines employees' career growth:From a reputational perspective[J]. International Journal of Contemporary Hospitality Management,2024,36(7):2443-2462.

[26]Strehlow M,Gisondi A M,Weyer C H,et al. 2023 Society for academic emergency medicine consensus conference on precision emergency medicine:Development of a policy-relevant,patient-centered research agenda

[J]. Academic emergency medicine: official journal of the Society for Academic Emergency Medicine, 2024.

[27] Bidwell R D, Samuel A, Cervero M R, et al. Priority competencies for designated education officers in the veterans health administration. [J]. Military Medicine, 2024.

[28] Iii K P D, Unrath A M, Steffes M R, et al. Emerging trends in the prevalence of military medicine interest groups and specialty tracks at U. S. medical schools[J]. Military Medicine, 2024.

[29] Sandefur J B, Shappell F E, Campbell L R, et al. Flexible endoscopic intubation in emergency medicine: A mixed-methods needs assessment[J]. AEM education and training, 2024, 8(3): e10992-e10992.

[30] O´Connell A K, Ramos V, Giefer J, et al. The american academy of dermatology' s "Good Skin Knowledge" program enhances children and adolescents' confidence regarding dermatologic knowledge[J]. Pediatric dermatology, 2024.